여자 나이 스물 'ㅅ'

첫눈처럼 그녀가 왔다

NANAM
나남출판

여자 나이 스물 'ㅅ'
첫눈처럼 그녀가 왔다

2021년 9월 4일 초판 발행
2021년 9월 4일 초판 1쇄

지은이   김원규
발행자   조완희

발행처   나남출판사
주소   10881 경기도 파주시 회동길 193, 4층 (문발동)
전화   (031) 955-4601 (代)
FAX   (031) 955-4555
등록   제 406-2020-000055호 (2020. 5. 15)
홈페이지   http://www.nanam.net
전자우편   post@nanam.net

ISBN   979-11-974673-6-3
            979-11-971279-3-9 (세트)

여자 나이 스물 'ㅅ'

첫눈처럼 그녀가 왔다

김원규 지음

NANAM
나남출판

나는 오늘도 카피를 쓰고 고민하는 현역 카피라이터이다. 36년째 매일 아이디어를 내고 전략을 세우며 카피를 쓴다. 다른 광고인들은 대부분 내 나이면 은퇴하지만 나는 아직도 광고 현장에서 일하고 있다. 부러워하는 사람도 있고, 그 힘든 일을 아직까지 하냐고 측은해 하는 사람들도 있다.

새벽 6시가 되면 알람 없이 일어나 맨손체조와 간단한 필라테스를 한다. 코로나 19가 창궐하기 전에는 체육관에 나가 코치의 도움을 받으며 했는데 이제 무서워 나가지 못하고 혼자 하고 있다. 코로나 19로 인한 병도 문제이지만 소소한 일상이 하나둘씩 무너지면서 생활 리듬이 깨지는 것이 너무나 안타깝다. 1년에 한두 번 해외에 나가 골프 치는 재미도 앗아갔고, 여행하는 즐거움도 사라졌다. 집에만 있으니 체중만 불어났다.

그래서 요즘 새롭게 시작한 것이 걷기 운동이다. 집에서 도산

공원까지 걸어가 공원을 10바퀴 정도 도니 놀랍게도 1만 보가 넘는다. 어느 날은 휴대폰에서 걸음 수를 확인해 보면 하루 종일 247보밖에 걷지 않아 화들짝 놀라서 달밤에 체조하듯 힘차게 손을 흔들며 걸은 적도 있다. 건강해야 카피도 쓸 수 있고 광고도 만들 수 있기에 요즘 열심히 운동하고 있다. 그러면서 제일 먼저 온 변화는 뱃살이 조금씩 빠지고 있는 것이다. 지금은 주말에만 움직이지만 이제 주중에도 일정 양의 운동을 하려 한다.

내가 책을 낼 수 있었던 것도 처음부터 책을 출간해야지 하고 준비했던 것은 아니다. 생각날 때마다 노트에 메모한 것들이 쌓여 어느 날 이 정도면 뭔가 하나 쓸 수 있겠다는 자신감이 생겨 용기를 낸 것이다. 책을 쓰는 것도 운동을 하는 것도 처음엔 어렵지만 작은 걸음들이 모여 좋은 결과를 얻는 것 같다.

LG애드(현 HS애드)에서 크리에이티브 디렉터로 일할 때 어느 순간 우연히 '여자 나이 스물 ㅅ'이라는 발견을 하고 며칠간 흥분했었다. 여자가 가장 아름다운 나이가 '스물셋', '스물넷', '스물다섯', '스물여섯'처럼 스물에 'ㅅ' 받침이 들어간 나이라고 결론을 내리고 흥분했던 것이다. '이런 발견은 없을 거야'라고 들뜬 상태로 며칠을 보냈다.

나중에 다시 이 표현을 봤을 때 과연 여자들이 공감할 수 있을지, 여자의 아름다움을 너무 외향적이고 육체적인 것에서 찾은 것은 아닌지 반성하기도 했다. 그러나 처음 그 흥분된 상태는 내 어떤 이성적 잣대로도 제어되지 않았다. 그냥 멋있었고, 아무도 발견하지 못한 것을 내가 발견했다는 기쁨에 괜한 우월감마저 들었다.

특히 나의 딸 다은이가 그 나이에 들어섰을 때 참 예쁘고 사랑스러웠다. 나는 쇼핑할 때마다 굽 높은 하이힐을 찾았고, 착 달라붙는 짧은 미니스커트를 사서 토론토로 보내기 일쑤였다. 딸의 친구들이 물었다고 한다. 토론토에서는 볼 수 없는 옷을 어디에서 사느냐고. 다은이가 서슴없이 "서울에서 아빠가 사 보내는데"라고 하면 친구들이 모두 놀람 반 부러움 반으로 탄성을 질렀다고 한다. "말도 안 돼! 대한민국 어느 아빠가 이런 옷을 사주니?" 그런데 다은이와 나에게는 너무나 당연한 일들이었다. 가장 아름다운 나이에 가장 예쁘게 입는 것이 뭐가 잘못되었다는 말인가?

1991년 9월 4일 오전 7시 35분! 나의 첫 번째 딸이 내게 다가온 순간이었다. 이 순간부터 나는 아빠가 되었다. 처음부터 아빠였던 것이 아니라 그 순간부터 나는 한 여자아이의 아빠가 된 것이다. 아마 그 순간부터 저 아이를 가장 예쁘고 행복하게 해줄 수 있는 방법은 무엇인지 생각했는지도 모른다. 미술학원에 보내지도 않았는데 그림을 멋지게 그리고, 가르치지 않아도 구구단을 잘 외웠다. 커가면서 나에게 보여 준 놀라움과 기쁨은 셀 수 없이 많았다. 그래서 이 작은 책을 우리 딸 다은이의 나이 '스물셋'에 출판하려고 기획했었다.

'여자 나이 스물 ㅅ'의 당사자인 딸에게 책을 선물하려고 준비했으나 어언 서른이 되어 버렸다. 그래도 이 책이 나오는 데 결정적인 아이디어를 주었고 동기부여를 했으니까 조금은 덜 미안하다. 앞으로 다가올 '여자 나이 서른 ㅅ'이 있으니까 …. 또한 15년간 기러기부부로 살고 있는 아내, 초등학교 5학년 때 유학가 이제 대학원생이 된 진솔이와 출간의 기쁨을 함께하고 싶다. 무엇보다 졸고를 안아 주시고 다듬어 주신 나남출판 조상호 회장님과 방순영 이사님, 이자영 차장님에게 감사 인사를 올린다.

2021년 8월

김원규

차례

4 독서는 머리를 만들고 여행은 마음을 만든다

5 있는 그대로 사랑하기

1

/

10,618km의 그리움

/

나는 15년차 '기러기 아빠'다

아이들 교육 때문에 시작된

'기러기 생활'이 이렇게 길어질 줄

그땐 몰랐다.

서울과 토론토는 약 10,618km 떨어져 있다.

비행기로 13시간 걸리는 곳에

사랑하는 가족이 있다.

지금이야 얼굴 보고 통화하지만

그땐 목소리밖에 들을 수 없었다.

그리움은 그만큼 컸다.

1991년 9월 4일
운명처럼 그녀가 왔다

1991년 9월 4일! 정말 운명처럼 그녀가 내 앞에 왔다. 그녀가 내 앞에 오면서 나도 함께 아빠가 되었다. 내가 원래부터 아빠였던 것이 아니라 이날부터 아빠가 된 것이다. 세상에 태어나 처음 아빠가 되는 순간이었다.

처음부터 아빠였던 것이 아니라 그때 그 순간 나는 내 생에 처음으로 아빠가 되었다. 차병원 응급실 소파에서 비몽사몽 중이던 나는 아무 생각도 없이 그냥 아빠가 되어 버렸다. 아빠가 되기 위해 어떤 노력이나 준비도 없이 그렇게 아빠가 되었다.

남들은 일부러 알아보는 성별도 알아보지 않고 낳은 첫아이였다. 남들은 성별 알아보고 옷도 준비하라고 했지만 나는 그것이 옳은 판단이 아니라고 생각했다. 하나님이 만들어 주신 그대로 내 삶의 일부로 받아들일 준비만 하고 있었던 것이다.

나의 첫 천사와 만나기 하루 전, 결혼하면서 장만한 빌라를 팔기로 계약했다. 계약금으로 1,200만 원을 받았는데 그것을 집에 두고 나가기가 찜찜해 주머니에 넣고 병원으로 향했다.

대기실에서 기다리는 동안 시간이 새벽으로 넘어가자 나는 깜빡깜빡 졸았다. 주머니에 들어 있는 돈을 지키기 위해 손으로 꼬옥 쥔 채 잠이 들었다 깨었다를 반복했다. 잠결에 내 이름이 호명될 때 나는 고무줄에서 튕겨 나오는 사람처럼 그렇게 뻘떡 일어났고, 운명의 순간이 다가왔음을 직감했다. 분명 내 운명이 바뀔 순간이 온 것이다. 곧 나의 첫아이가 내 눈앞에 나타날 것이다.

간호사가 호명한 곳으로 가니 빨간 아이가 세상의 호기심을 다 눈에 넣은 듯이 그렇게 울면서 사방으로 쳐다보고 있었다. 신기했다. 신기했다는 말 말고는 표현할 말이 없었다. 신춘문예를 8번이나 낙선한 사람이지만 그 순간 '신기하다'는 그 말 외에는 다른 표현이 생각나지 않았다. 정말 신기했다. 내 아이와 첫 대면을 한다는 그 사실이 ….

1991년 9월 4일 아침 7시 35분!

나는 그 시간부터 아빠가 된 것이다. 기뻐서 왈칵 눈물이 나왔지만 첫 대면하는 아이에게 창피할까 봐 환하게 웃어 주었다. 간호사가 "공주님입니다. 축하드립니다"라고 알려와 그제야 나의 첫아이가 딸인 줄 알았다. 그렇게 난 한 아이의 아빠가 된 것이다. 내 인생 처음으로!

딸아이가 태어나 나에게 할 효도는 이미 어렸을 때 다 했다고 생각한다. 어느 부모들은 장성한 자식들이 효도를 하네 마네 속상해 하는데, 나는 자식이 부모에게 할 효도는 이미 어렸을 때 다 했다고 생각하는 사람이다.

생각해 보라. 아이들이 태어나 부모들에게 보여 준 생각지도 못한 기쁨들을. 아이들이 보여 준 그 수많은 재롱이 효도가 아니고 무엇이겠는가? 처음 스스로 두 발로 일어섰을 때, 그리고 첫걸음을 떼었을 때, 엄마, 아빠라고 불러 주었을 때, 눈을 마주하고 웃어 주었을 때, 대소변을 가렸을 때, 처음 유치원에 들어갔을 때 등 일일이 헤아릴 수도 없다.

아이가 우리 부부에게 해준 그 많은 효도를 우리는 셀 수 없이 많이 봐 왔고 즐겼다. 아이들이 보여 준 생각지도 못한 말과 행동으로 시름을 달래고 고생에 대한 보상을 받아왔던 것이다. 그것이 효도 아니고 무엇이겠는가? 아이가 부모에게 해줄 수 있는 효도의 99%는 어린 시절에 이미 다 한다고 생각한다. 그 후의 효도는 덤으로 받는 보너스 효도다.

그녀가 밖에 나가 동네 놀이터에서 놀 나이에 동부이촌동으로 이사했다. 어느 날 유치원에서 한 남자아이가 자꾸 공격한다고 태권도를 배우고 싶다고 했다. 그날부터 아이의 소원대로 태권도 도장에 보냈다. 아주 열심히 배워서 국기원 승단시험을 볼 때도 가서 응원한 기억이 난다. 약간 긴장하여 지도하는 사범 선생님들이 하라는 대로 움직이는 딸아이가 귀엽고 대견해 관중석에서 박수를 치며 웃곤 했다.

초등학교 1학년 때 어버이날 전날에는 집에 오자마자 카네이션 두 송이를 나와 아내에게 주면서 싱글벙글했다. 아니 그 정도가 아니라 거실과 방을 뛰어다니며 마치 올림픽에서 금메달을 딴 선수처럼 격하게 좋아했다.

해맑게 웃고 춤추며 떠드는 아이에게 물었다.

"왜 이렇게 기분이 좋을까? 우리 딸!"

"응, 오늘 내가 태어나서 제일 재수 좋은 날이라서 그래."

"뭐가 재수 좋은 일인데?"

"학교 앞에서 파는 카네이션이 하나에 3천 원인데 2개를 사면 5천 원이라는 거야."

"그래서 산 거야?"

"응, 나 진짜진짜 수지맞았지?"

"어어, 그러네! 아저씨가 우리 딸이 예뻐 싸게 파셨나 보다!"

"그치, 그치! 히히히, 어떻게 이럴 수 있어?"

"그러네, 진짜!"

"내 인생에 최고로 수지맞은 날이야!"

아마도 8살 인생에 최고의 횡재라고 생각한 것 같다. 나는 터져 나오는 웃음을 참으며 화장실에 들어가 킬킬거린 적이 있다.

중 2 때 그녀는 그림에 소질을 발휘하기 시작했다. 본가, 외가 그 어디에도 예술을 전공한 사람이 아무도 없는 황무지 같은 유전자 속에서 그녀는 그림을 그리고 싶다고 했다.

나는 그때 회사를 다니면서 미대 시각디자인학과에 강의를 나가고 있었는데, 우리나라 미대 교육에 경악을 금치 못한 사건들이 꽤 있었다. 우리나라 최고의 미대들이었는데 교육방법은 아직도 손으로 그리는 방법만을 고집하는 대학이 많았다. 머리로 그려야 하는데 손으로 그리는 것이 전부인 양 가르치는 대학이 많았던 것이다.

그래서 난 딸아이를 유학 보내기로 결심했다. 정말 아이의 미술교육을 위해 스스로 기러기 생활을 선택했는데, 그 기간이 이렇게 길어질 줄 그때는 미처 몰랐다.

아무튼 딸아이는 캐나다 토론토로 유학을 갔고 거기서 뛰어난 미술 실력을 발휘했다. 지도교수들에게 '너는 한국 아이 같지 않구나!'라는 칭찬을 많이 받으며 열심히 공부했고, 지금은 직장에 들어가 잘 다니고 있다.

2014년! 나에게 '아버지' 타이틀을 달아 준 딸 다은이가 스물셋이 되는 해였다. 나는 LG생활건강과 토니모리 화장품 광고제작을 총괄하는 크리에이티브 디렉터로서 우리나라 최고의 여배우들을 캐스팅하여 광고를 만들고 있었다. 그동안에 그들의 가장 아름다운 나이는 스물에 'ㅅ' 받침이 들어가는 나이라고 생각했다.

'스물셋, 스물넷, 스물다섯, 스물여섯!'

크리에이티브 디렉터로서 한창 일하고 있을 때 가장 아름다운 여자 나이는 이 나이임을 감히 선언했다.

운명처럼 태어난 나의 딸이 스물셋이 되는 그해 생일 9월 4일에 이 책을 선물하고자 했는데 이제야 원고를 쓰고 있다. 늦어도 너무 늦었다. 중 2 때 토론토로 유학 간 딸은 어느덧 서른이 되었다. 시간이 너무나 빠르게 지나가 버렸다.

그래도 나의 딸, 김다은에게 이 책을 바치고자 한다.

"다은아, 늦었지만 아빠의 마음을 받아 줘라!"

내가 생각하는 가장 아름다운 나이는 지나갔지만, 이 세상 어느 누구보다 아름다운 여자는 내 딸 김다은이다.

다은이가 고등학교와 대학교 다닐 때, 밸품을 팔아 예쁜 옷들을 쇼핑해 보내 주곤 했다. 한국 유학생들은 도대체 누가 이런

1991년 9월 4일!

정말 운명처럼 그녀가 내 앞에 왔다.

그녀가 내 앞에 오면서 나도 함께 아빠가 되었다.

내가 원래부터 아빠였던 게 아니라

이날부터 아빠가 된 것이다.

세상에 태어나 처음 아빠가 되는 순간이었다.

옷을 쇼핑해서 보내느냐고 묻는다고 했다. 친구들에게 아빠가
사 보내는 것이라고 하면 친구들 대부분이 한목소리로 이렇게
외쳤다고 한다.

"야, 이렇게 짧은 스커트를 어떤 아빠가 사 주니?"

"진짜야, 울 아빠가 사 보낸 거야."

"어머, 어머! 진짜, 진짜!"

10개월 동안
무료로 투숙한 7성급 호텔

여행을 자주 하는 나는 다른 데는 돈을 아껴도 숙소만큼은 럭셔리한 곳을 선택하는 편이다. 어떤 사람은 자는 곳은 대충 골라도 먹는 것에 엄청 공들이기도 한다. 사람마다 취향이 다르고 자기만족을 추구하기 때문에 뭐가 맞고 틀리다고 말할 수 없다. 그래서 취향이 다른 사람들과의 여행은 불편할 수 있다. 나는 내 취향을 강하게 내세우는 타입이 아니고 상대에게 맞춰 주는 편이지만, 까다로운 사람들은 자기 취향이 아니면 매우 불편해 한다.

사실 여행이란 익숙함과 거리를 두는 과정이기에 나는 웬만한 불편함도 현지의 즐거움으로 둔갑시키곤 한다. 그래야 여행도 즐겁고 함께 간 동행자들에게도 불편을 주지 않기 때문이다. 여행이 집에 있을 때나 직장에서 일할 때와 변함이 없다면 무슨 의미가 있겠는가? 사실 계급장을 다 떼고 낯선 곳에서 그곳의 라이프스타일을 보고 느끼고 생각하는 것이 여행의 참맛이 아닐까?

나는 대학 때 자주 여행을 했는데 그때는 주머니에 돈도 없었거니와 '젊어서 고생하자'는 주의였기 때문에 많이 걷고 이곳저곳 다녔다. 결혼해서 아이들이 태어나자 대학시절처럼 자유롭게 여행할 수는 없었지만, 아이들에게 아빠와의 즐거운 추억을 만들어 주려고 주말여행을 여기저기로 떠났다. 특별히 잠잘 곳을 예약하지 않고 그냥 떠나서 숙소를 구하고 자면서 아이들과 즐거운 시간을 보냈다.

아이들이 성장한 지금 아빠와의 추억을 이야기할 때 여행 다니면서 차 속에서 함께한 연상게임을 떠올리곤 한다. 예를 들어 빨간색 하면 떠오르는 무엇일까, 누가 문제를 내면 돌아가면서 하나씩 답하는 게임이다. 아이들에게는 한 번씩 부모님 찬스를 주곤 했는데 커서도 아이들이 그 이야기를 많이 한다.

'빨간색 크레용', '빨간색 도화지', '유치원 빨간 벨트', '장미꽃', '피', '적십자', '태극기', '공산당' … .

처음엔 대개 물건들을 이야기하지만 생각이 깊어지면 관념적이고 이념적인 것까지 동원되곤 했다. 나는 아이들에게 수평적 사고력을 키워 주기 위해 차를 타고 장거리 여행을 다닐 때마다 이 게임을 했다. 물론 내 졸음운전 방지를 위해서이기도 했지만 … .

이렇게 운전하고 가다가 들르면 그곳이 여행지가 되었다. 인터넷이 발달되지 않았던 때라서 동네 슈퍼에서 물건을 사면서 동네 맛집이 어디냐고 물으면 친절하게 가르쳐 준다. 그럼 그곳에 가서 식사를 하고 숙소를 잡아 여행지 그곳에서만 할 수 있는 것을 찾아 즐기곤 했다.

주로 이런 방법으로 여행을 하다 보니 아내는 늘 불만이었다. 미리 예약하면 편하고 좋은 곳에서 즐길 수 있는데 무계획으로 여행하니까 항상 이 모양이라고 투덜대곤 했다. 그러나 아이들은 나의 이런 무계획적인 여행이 마냥 즐거웠던 것 같다. 집에 있으면 학원도 가고 숙제도 해야 하는데 그런 것을 다 잊고 놀 수 있는 시간이었으니 말이다.

여행을 다니면서 크게 깨달은 것이 있다. 과연 숙소 중에 최고는 어디일까 생각해 보았다. 가장 편하고 럭셔리하고 룸서비스까지 다 되는 곳은 어디일까? 내가 생각만 하면 바로바로 룸서비스 해주는 곳은 없을까? 그것도 무료로! 세상에 그런 곳이 있겠는가?

하지만 나는 이런 생각 끝에 어머니를 떠올렸다. 정말 생각 끝에 그런 곳은 어머니 뱃속밖에 없음을 깨달았다. 그래 맞다, 어머니다!

"왜냐고? 정말 몰라서 물어요? 생각해 보세요. 당신이 이 세상에 태어나기 전 10개월의 시간을!"

우리가 가장 편하게 투숙한 곳은 어머니 뱃속이었을 것이다. 그것도 돈 한 푼 안 내고 공짜로 말이다. 우리는 10개월 동안 어머니 뱃속이라는 최고급 호텔에서 투숙하고 세상과 만났다. 먹고 싶으면 룸서비스로 즉각 배달되고 때때로 분위기 있는 음악으로 기분전환까지 시켜 주었다. 게다가 10개월간 최상의 온도와 습도를 유지하고 가장 편안한 자세로 있었다. 가습기나 공기 청정기가 필요 없었다. 우리가 뭔가를 원하면 즉시 최상의 조건으로 해결해 주었다. 불평할 거리가 없었다.

그때 그곳만큼 편안하고 럭셔리한 호텔이 또 있을까? 그때 그곳만큼 완벽한 룸서비스가 있을까? 아무리 생각해 봐도 그때 그곳만큼 따뜻하고 보호받는 느낌이 드는 곳은 없는 듯하다. 단언컨대 이 세상 어느 곳에도 이런 룸서비스는 없다! 여기만큼 완벽한 호텔도 없다! 어머니의 뱃속은 이 세상에 단 하나뿐인 7성급 호텔이다. 아니 100성급 호텔이라고 해도 모자람이 없다. 우리가 기억을 못하고 있을 뿐.

7성급 호텔 같은 어머니의 뱃속 ….

오늘도 어머니가 그립다.

어머니의 뱃속은

이 세상에 단 하나뿐인 7성급 호텔이다.

아니 100성급 호텔이라고 해도 모자람이 없다.

우리가 기억을 못하고 있을 뿐.

7성급 호텔 같은 어머니의 뱃속 ….

오늘도 어머니가 그립다.

세상에서 가장
만만한 사람은 엄마다

나는 어머니가 돌아가실 때까지 일하지 않는 어머니를 본 적이 없다. 나의 어머니는 1922년에 태어나셨다. 우리나라는 그때 일제강점기였기 때문에 어머니의 성장기는 미루어 짐작이 간다. 소학교(초등학교)를 졸업한 어머니는 외할아버지의 반대로 더 이상 상급 학교에 진학하지 못하고, 집안일을 배우기 시작하셨다. 바느질이며 요리며 하는 일마다 척척 해내는 어머니를 보고 외할머니께서는 '저렇게 똑똑한 애를 집안에 두다니…' 하며 공부를 많이 못 시킨 것을 항상 아쉬워하셨다고 한다.

어머니는 비록 학교 배움의 길이는 짧았지만 지혜는 다른 사람들이 따라올 수 없을 정도로 앞서갔다고 한다. 어머니는 늘 다른 어머니들의 고민을 들어주고 해결책을 제시해 주는 선각자였다고 두 형님과 누님이 나에게 말해 주었다.

대학을 나오신 아버지(만주 봉천전문대 측량학과)는 당시에 만주에서 활동하시다가 광복이 되자 공무원 생활을 하셨지만 그 길이 길지 않았다. 어머니는 아버지가 짧은 공무원 생활 동안에 받은 월급으로 논밭을 마련해 억척같이 일하셔서 3남 1녀를 모두 남부럽지 않게 교육시키셨다.

내가 막내로 태어나 자라는 동안 일하지 않는 어머니를 뵌 적이 없음을 깨달은 것은 대학 입학 후였다. 정말 어머니는 잠시도 쉬지 않고 언제나 일을 하셨다. 그 많은 옷을 빨래하시고, 다리미로 그 옷들을 다리시고, 가족들이 들어올 때마다 밥상을 차리셨다. 따뜻한 밥을 먹어야 맛도 좋고 몸과 마음에 양식이 된다고 늘 말씀하셨다.

어머니가 돌아가시고 그 뒤로도 몇 년 후 우연히 김경주 시인이 쓴 〈어머니는 아직도 꽃무늬 팬티를 입는다〉라는 시를 읽고, 그날 밤새 펑펑 운 적이 있다. 왜 어머니가 TV에 나오는 예쁜 탤런트와 같은 여자라는 것을 한 번도 인식하지 못했을까? 왜 어머니는 항상 가족을 위해 희생하는 사람으로만 알고 살았을까?

작고 갸름한 얼굴의 어머니는 지금 활동하시는 탤런트 김혜자 선생님과 비슷한 인상이었다. 어머니가 김혜자 씨를 닮아서인지, 김혜자 씨는 내가 담당한 광고주의 경쟁 브랜드 모델이었지만 그녀가 밉거나 적대감이 들지 않았다. 그녀를 보면 그냥 우리 어머니를 보는 것 같아 늘 편안했다. 매일 김혜자 씨가 모델인 경쟁 브랜드를 이기려는 광고를 만드는 입장이었지만 단 한 번도 김혜자 씨를 미워하거나 흉본 적이 없었다. 흔히 광고인들은 경쟁 브랜드는 모두 적으로 인식해 매우 강한 적대감을 가지는데, 김혜자 씨만은 예외였다. 김혜자 씨는 돌아가신 어머니와 비슷한 위안을 주기 때문이었다.

어머니는 원래 가냘프고 꽃보다 아름다운 여자였다. 머리에 은비녀를 꽂고 분칠이라도 하시면 단아한 그 모습이 누구의 어머니보다 아름다우셨다. 대학을 나오시고도 정권과 뜻이 맞지 않아 가정을 돌보지 않았던 아버지의 배필로 살면서 강한 여전사女戰士가 될 수밖에 없었던 어머니. 어머니는 20대부터 돌아가시는 그 순간까지 숭고한 정신으로 자식들을 위해 희생하셨다. 이미 돌아가시고 몇 년이 흘렀지만, 나는 신사임당보다 위대한 어머니를 영원히 존경하는 마음으로 살고 있다.

아버지가 직장을 잃고 정착한 전라북도 김제라는 곳에서 그동안 벌어 주신 돈으로 논과 밭을 마련했고, 거기서 다시 삶을 시작하셨다고 한다. 선거 때가 되면 아버지의 도움을 받고자 하는 후보들이 줄을 서서 지원을 호소했지만, 아버지가 모셨던 중앙당의 어른을 단 한 번도 배신한 적이 없었다고 한다. 국회부

의장까지 하신 아버지 친구분의 공화당 입당 권유가 있었지만 아버지는 돌아가시는 날까지 그분의 신조를 지키셨다.

만주 봉천전문대(현 심양대학교) 측량학과를 나오신 아버지는 가끔 중국에서 유학하실 때 이야기를 들려주셨다. 비록 일본의 식민지였지만 만주에서는 한국 사람들이 똘똘 뭉쳐 중국인들을 제압했다면서 우리나라도 빨리 발전해서 선진국이 되어야 한다고 늘 말씀하셨다. 지금의 우리나라의 달라진 위상을 보셨다면 아버지께서는 뭐라 말씀하셨을까.

아버지의 마음속에 한으로 남아 있는 나라 잃은 국민의 상실감을 전부 다 보상받지는 못하셨겠지만, 세계를 향해 당당하게 우뚝 선 대한민국의 모습에 얼마나 감격하시고 뿌듯해 하셨을까. 우리 세대는 일제강점기나 전쟁을 겪지 않았지만, 우리 부모 세대들은 그 험난한 시기를 힘겹게 넘어온 분들이기에 더 누리고 더 행복하셔야 한다는 것이 내 생각이다.

나는 초등학교 시절에 줄곧 반장을 했다. 그것은 내가 똑똑해서라기보다 어머니가 내 성장과정에 보여 주신 지혜 덕분일 것이다. 어머니는 과일을 하나 사더라도 꼭 세도록 했다. 다섯 개를 살 때도 다섯 개를 세게 하고, 열 개를 살 때도 열 개를 세게 했다. 이미 생활 속에서 산수의 기본을 가르쳤던 것이다. 가게에서 과자를 살 때도 거스름돈을 계산하고 받아오게 했다.

어머니는 원래 가냘프고 꽃보다 아름다운 여자였다.

머리에 은비녀를 꽂고 분칠이라도 하시면

단아한 그 모습이 누구의 어머니보다 아름다우셨다.

어머니는 20대부터 돌아가시는 그 순간까지

숭고한 정신으로 자식들을 위해 희생하셨다.

초등학교 3학년 어느 날, 과학시험에서 '다음 중 빨래가 가장 잘 마르는 날씨는?'이라는 사지선다형 문제가 나왔다. 나는 햇볕이 쨍쨍한 날을 답으로 골랐지만, 정답은 햇볕이 쨍쨍하고 바람이 부는 날이었다. 나는 어이가 없어서 어머니에게 물어보았다. 어머니는 "햇볕이 쨍쨍한 날이라는 조건은 같은데 바람이 있고 없고가 다르구나" 하시면서 똑같은 종이를 반으로 나눠 물에 담갔다가 빨랫줄에 걸었다. 어머니께서는 하나는 그대로 두고, 하나는 부채를 내 손에 쥐어 주고 부쳐 보라고 하셨다. 5분 정도 부치고 난 뒤 만져 보라 하셔서 만져 보니 확연히 달랐다. 바람을 맞은 것이 더 잘 말랐다. 그렇게 내 눈높이에 맞춰 설명해 주셨다.

지금도 세상을 살면서 갑갑하거나 내 뜻대로 되지 않을 때 1년에 서너 번은 용인에 계신 어머니 산소를 찾는다. 절을 올리고 앞에 앉아서 막내답게 어리광을 부리고 온다. 그동안 있었던 집안의 대소사 이야기를 하고 보고 싶다는 이야기를 해본다.

살아 계실 때 어머니는 내가 해달라는 것을 단 한 번도 들어주지 않은 적이 없었다. 내 기억에 어머니는 내가 하고 싶어 하는 것을 모두 들어주시면서도 한 번도 싫은 표정을 지은 적이 없으셨다. 세상의 어머니는 모두 그럴 거라 지금도 생각한다. 어머니 곁을 떠나기 전에는 산소를 가슴에 안고 사랑한다며 한참 동안 마음의 대화를 나눈다.

나는 아직도 어머니께는 투정만 부리는 것 같다. 세월이 흘러 나이를 먹어가지만 어머니 앞에 서면 언제나 철없는 '막내'로 돌아간다. "아이고 우리 새끼 왔네!" 하시는 어머니의 반가운 목소리가 들리면 나는 항상 큰절을 올리고 어머니를 안아 드린다. 어머니가 예전에 나를 안아 주셨듯이, 그렇게 나는 찾아뵐 때마다 어머니를 안아 드린다. 그때마다 "아이고, 우리 새끼, 왔네!" 하는 어머니의 목소리가 들려오는 듯하다. 안아 드릴 때마다 나는 느낀다. 어머니는 항상 따뜻하다고!

포근하다 … .

언제나 … .

엄마의 품안은 … .

엄마는 '네이버'였다

내가 어린 나이였을 때는 지금과 같은 고급 아이스크림은 없었다. 물론 아이스크림은 당연히 여름에만 먹는 것이었고, 아이들에게 여름날의 아이스크림은 누릴 수 있는 최고의 간식이었고 소울메이트였다. 그 시절에는 이름하여 '아이스케키'가 전부였다. 그 아이스케키는 여름에 누리는 호사요, 어머니가 내리는 최고의 상찬이었다. 받아쓰기 100점을 맞았거나 숙제노트에 빨간 크레용으로 선생님께서 동그라미를 겹겹이 그려 준 날 등에 어머니가 특급 칭찬으로 하사하는 선물이었다.

그렇게 귀하게 먹었던 아이스크림이 지금처럼 흔하게 된 때는 정확히 언제부터인지 모르겠다. 아마 우리나라에 냉장고라는 '신문물'이 대중화된 시점에 생겨난 풍습이 아닐까 한다. 나는 유독 아이스크림을 즐긴다. 즐긴다기보다는 그냥 종류 가리지 않고 많이 먹는다는 표현이 더 정확할 것이다. 어린 시절 어머니가 사 주던 아이스케키가 일본식 표기라는 것을 알고 부끄러워한 적도 있었지만, 우리 어릴 때는 누구나 그렇게 불렀던 것도 사실이다. 부끄러운 일이지만….

처음 아이스크림을 먹었던 강렬한 기억은 나에겐 평생을 가는 임팩트 그 자체로 남아 있다. 어린 시절 아이스크림이 달콤함의 상징이라면 그 시각으로 여자를 바라보면 그는 이미 소년에서 '남자'라는 짐승 대열에 합류했다고 생각한다. 좋아하는 여자와의 데이트는 아이스크림의 달콤함 그 이상이다. 여자친구를 만나서 같이 밥 먹고 놀러 다니는 그 기분은 아이스크림의 천 배 만 배의 달콤함을 주는 것이다.

사람만큼 사람에게 주는 감동은 있을 수 없다고 생각한다. 세상에 그 어떤 귀중한 선물이라도 사람보다 아름다운 것은 없을 것이다. 그래서 일본의 JR 철도의 크리스마스 광고카피는 '돌아온 당신이 최고의 선물'이었다. 어린 나이에는 그렇게 큰 감동이 없었는데, 나이가 들어갈수록 내공 있는 카피로 여겨져 가슴에 새기고 있는 광고다. 사람이 사람에게는 최고의 위안이고 행복이라고 생각한다.

아마도 어린 시절을 상상해 보면 알 수 있을 것이다. 학교를 다녀와서 제일 먼저 반겨 주는 사람은 어머니였다. 안아 주고 뽀뽀해 주고 뭐가 재미있었느냐고 묻거나, 학교에서 친구들과 잘 지냈는지 묻는 어머니의 품은 언제나 포근하고 떨어지기 싫은 안식처였다. 어머니는 내 이름도 자주 불렀지만 '아이고 내 새끼'라는 표현도 자주 쓰셨다. 그래서 어렸을 때 어머니에게 따지듯 물은 적도 있다

"엄마, 엄마는 왜 나한테 만날 욕해?"

"아이고, 내가 내 새끼한테 언제 욕했어?"

"지금도 하잖아 …."

"응? 무슨 욕했을까?"

"나한테 '새끼'라고 하잖아."

내가 울먹이며 말하자, "호호호, 내 새끼가 듣기 싫었나보네" 하시는 거다. 그러면서 당신이 사용하는 '새끼'라는 표현은 욕이 아니라 항상 사랑하는 어머니의 마음이 담겨 있는 말이라고 말씀해 주셨다. 그러나 당시에는 잘 이해하지 못했다. 어머니가 욕이 아니라고 말씀하셔서 안도했지만 그 속뜻까지 알지는 못했다.

아이스크림을 사 주시면서도 항상 '내 새끼, 맛있지?'라고 하셨고, 학교 다녀와 식사할 때도 항상 '배고프겠다, 내 새끼'라는 말씀을 자주 하셨다. 어머니가 욕이 아니라고 해서 어렴풋하게 이해는 했지만, 어머니의 욕 같은 애정 표현은 그 후 훨씬 커서 이해했다.

장이 서는 날이면 가끔 어머니 꽁무니를 졸졸졸 따라다녔는데

그때마다 농산물이나 특이한 물건에 대해 알기 쉽게 설명해 주셨다.

두부가 콩으로 만들어진다는 것도 시장에서 알았고,

소리치며 자기 물건을 팔려고 노력하는 분들 뒤에는

사랑하는 가족이 있다는 것도 시장에서 배웠다.

특히 아이스크림을 사 주실 때마다 이런 것은 입에는 달지만 몸에는 안 좋으니까 많이 먹으면 안 된다고 하셨다. 밥은 매일 먹어도 괜찮지만 과자와 같은 군것질은 가끔 먹어야지 입에 달고 있으면 이빨도 썩고 키도 크지 않는다고 늘 말씀하셨다. 난 그때마다 솔직히 이해가 잘 되지 않았다.

이렇게 달콤한 아이스크림이 어떻게 몸에 안 좋다는 건가? 그때는 어머니께서 사 주시지 않기 위한 핑계 정도로 알고 있었다. 다른 것은 간단히 설명하셨는데 유독 아이스크림에 대해서는 말씀이 길었던 기억이 있다. 보기에는 예쁘게 생기고 입에서는 달고 맛있지만, 이를 썩게 하고 몸 안에 들어가면 나쁘게 바뀐다는 것이었다.

그러면서 사람도 겉만 보고 판단하면 안 된다고 했다. 아이스크림처럼 보기 좋고 달콤하지만 결과적으로는 안 좋은 사람도 있기 때문에 내가 장가갈 때 얼굴만 예쁜 여자를 택하지 말고 속이 꽉 찬 여자를 고르라고 하셨다. 그때마다 나는 "장가 안 가고 엄마랑 살 거야"라고 말하곤 했다. 그러면 어머니는 "알았다. 암튼 니가 생각이 바뀌어 장가간다면 꼭 기억해라. 여자는 예쁜 외모보다 착한 마음이 더 중요하다는 것을"이라고 말씀하셨다.

장이 서는 날이면 가끔 어머니 꽁무니를 졸졸졸 따라다녔는데 그때마다 농산물이나 특이한 물건에 대해 알기 쉽게 설명해 주셨다. 두부가 콩으로 만들어진다는 것도 시장에서 알았고, 소리치며 자기 물건을 팔려고 노력하는 분들 뒤에는 사랑하는 가족이 있다는 것도 시장에서 배웠다. 저렇게 고생하는 분들이 눈이 오나 비가 오나 장사를 하는 것은 모두 가족을 위한 희생이라고 말씀해 주시면서 가족에게 가장 중요한 것은 서로 사랑하고 이해해 주는 것이라고 하셨다. 또한 아무리 잘못해도 모두 이해하고 용서하는 것은 이 세상에 가족뿐이라고 늘 말씀하셨다.

나중에 커서 안 사실이지만 어머니는 친가의 아버지 형제분들의 우애가 돈독하지 못한 것에 대한 아쉬움 때문에 조기교육을 하셨던 것 같다. 이제 나도 두 아이의 아빠인데 아이들에게 강조하는 것은 사랑과 우애다. 아마 어린 나이에 어머니에게 배운 영향이 있는 듯하다. 당시에 어머니께서 내게 알려 주신 내용을 다 이해한 것은 아니다. 그러나 어머니와 손을 꼭 잡고 걸으면서 나눈 대화는 긴 시간이 흐른 지금도 내 마음속에 각인되어 있다.

학교에서 가르쳐 주는 그 어떤 선생님보다 어머니의 설명은 쉬웠고, 머릿속에 쏙쏙 들어왔다. 그때 그 시절, 인터넷이 없던 때에 어떻게 아들의 호기심을 그렇게 쉽게 설명해 주실 수 있었는지 지금도 궁금하다.

당시 나의 어머니는 지금의 '네이버'였던 것이다.

대추 한 알

몇 년 전으로 기억된다. 광화문에 나가서 미팅을 하고 다음 미팅까지 시간이 남아 교보문고에 들어갔다. 신춘문예에 8번 도전하고 실패한 시인인 나는 서점에 가면 가장 먼저 시집 코너에 가서 새로운 시집이 나왔나 본다. 누가 새로운 시집을 냈는지, 아니면 어떤 시인이 새롭게 시집을 냈는지 보고 맘에 드는 시집을 사는 것이 내가 서점에 들러 하는 매번 똑같은 코스의 하나다. 이런저런 시집들을 들추다가 좋아하는 시인이 시집을 낸 것을 보면 감탄을 연발하고 몇 개를 읽다가 사는 경우가 많다.

이번에는 시집 코너 앞에서 서성거리다가 장석주 시인의 시집이 눈에 띄어 집어 들었다. 뒤적뒤적하는데 〈대추 한 알〉이라는 시가 있었다. 언젠가 인터넷에서 한 번 소개되었던 시였다. 까맣게 잊고 있다가 다시 보니 너무나 반가웠다. 마치 내가 예전에 써 두었다가 우연한 기회에 다시 보는 것처럼 그렇게 반가웠다. 인터넷이 이렇게 파워가 막강하다. 우연히 누군가의 블로그에서 스치듯 본 시인데 다시 만나니 친숙했다. 주저하지 않고 시집을 샀다. 그날따라 다른 책들은 더 보지도 않고 그냥 이 시집만 집어 들고 나왔다. 다른 시들도 좋았지만 이 시가 뇌리에서 떠나지 않았다.

장석주 시인의 〈대추 한 알〉이라는 시를 보니 눈이 번쩍하고 가슴이 콩닥콩닥했다. 대추 한 알을 보고 어떻게 저런 발상을 했을까? 특히 '저게 저절로 붉어질 리는 없다/ 저 안에 태풍 몇 개/ 저 안에 천둥 몇 개/ 저 안에 벼락 몇 개' 부분을 읽는데 감전되는 듯했다. 이 시를 알고 나서부터 나는 대추를 자주 사 먹는다. 씹으면서 혼자 생각한다. 태풍 3개, 천둥 2개, 벼락 3개를 씹고 있다고 ….

대추 한 알에도 이렇게 큰 의미가 있는데 사람에게는 무슨 설명이 필요하겠는가?

나의 어린 시절을 되돌아보면 부모의 속을 그렇게 많이 썩인 아들은 아니었다. 신춘문예를 붙들고 낑낑대기 전까지는 말이다. 고 1 때부터 시작된 신춘문예 병은 깊고 또 깊었다. 시 외에는 모두 하찮게 보였다. 시인으로 등단하는 유일한 길은 그때까지만 해도 오직 신춘문예 당선이었다. 아버지는 특별히 문학하는 나를 반대하지 않으셨지만 한자로 쓰인 신문을 펼쳐 놓고 1면을 자주 읽어 주셨다. 문자는 이렇게 쓰여 있지만 실제로 표현하고자 한 내용은 이거다 하시면서 밥상머리 교육을 시키셨던 것이다. 아마 아버지께서는 나를 정치 쪽으로 유도하려 하셨던 것 같다. 그래서 신문을 읽으면서 숨은 뜻을 알려 주고 국민이 똑똑해야 정치가 바로 선다는 말씀도 자주 하셨다.

만주 봉천대학을 나오신 이른바 엘리트였던 아버지는 정치에 뜻을 이루지 못하고 시골 산천에 묻혀 세월을 낚고 계셨는데, 나는 그때만 해도 나이가 어려서 아버지를 이해하지 못했다. 아버지는 아마도 나를 빨간 대추 한 알로 키우려고 하신 듯하다. 큰형과 작은형이 아버지 뜻대로 되지 않으시니까 마지막 남은 막내아들인 나를 당신이 원하는 그런 사람으로 만들고자 했던 것 같다.

내가 〈대추 한 알〉이라는 시를 본 순간 떠오른 것은 아버지였다. 좌절한 지식인으로 살아가는 동안 아버지는 가슴속에 수천 개의 천둥과 수만 개의 번개와 그리고 셀 수 없을 만큼의 태풍을 안고 살아가셨음을 깨달은 것은 당신이 돌아가시고 훨씬 후에 유품을 정리하면서 대학 앨범을 발견했을 때였다.

아버지는 앨범 비망록에 이렇게 쓰셨다.

"아아, 갈 데 없는 청춘이여! ─金炯熙"

내가 〈대추 한 알〉이라는 시를 본 순간

떠오른 것은 아버지였다.

좌절한 지식인으로 살아가는 동안 아버지는

가슴속에 수천 개의 천둥과 수만 개의 번개와

그리고 셀 수 없을 만큼의 태풍을 안고 살아가셨음을

깨달은 것은 당신이 돌아가시고 훨씬 후에

유품을 정리하면서 대학 앨범을 발견했을 때였다.

아마도 일제강점기에 나라 잃은 청년의 좌절이요, 고통을 직접적으로 쓸 수 없어 간접적으로 쓰셨던 것 같다. 대학을 나왔지만 대놓고 일본인 밑에 들어가기는 싫었고, 그렇다고 뾰족한 대안도 없으셨던 것이다. 가족을 건사해야 하는 문제에 봉착하자 취직을 하셨던 아버지는 잘나가는 엘리트였지만 일본인들에게는 삐딱한 태도로 대했기에 결국 지방의 면 소재 농협협동조합장으로 발령이 나자 그만두셨다고 한다.

그리고 당신이 근무하던 곳에서 논과 밭을 사고 농사를 지으며 농민 계몽운동에 앞장서셨다. 그렇게 평생을 농민들과 함께 하시고 2006년에 돌아가셨다.

아버지는 봉천 시내를 한국 사람들이 장악하고 있었다고 늘 자랑삼아 말씀하셨다. 주먹을 쓰는 이른바 깡패들도 한국 사람들이 제일 셌고, 상권도 한국 사람들이 장악하고 있었다고 한다. 나라 잃은 한국 지식인과 상인들이 봉천에 피신해와 때를 기다렸다고 한다. 역사적으로나 학문적으로 규명할 방법은 없지만 그때 봉천에 모인 한국 사람들은 나름대로 조국의 현실을 극복하기 위해 각자의 길을 걷고 있지 않았나 하는 생각이 든다.

이유는 알 수 없지만 아버지를 모시고 봉천에 가 보고 싶었다. 그러나 아버지는 나의 이런 뜻을 거절하셨다. 그땐 내가 어려서 아버지의 마음을 다 헤아리지 못했는데, 지금 와 생각해 보니 괜히 경비 들여가며 간다는 것이 자식한테 부담을 줄까 봐 그러셨던 것 같다. 그때는 그냥 아버지의 젊음이 있는 곳이지만 좌절과 고통의 시간을 보낸 곳이기에 가기 두려우신 것이라고 생각했다.

참으로 어리석었다. 그냥 비행기 티케팅하고 서둘렀으면 아마 아버지도 못 이기는 척하시면서 가셨을 텐데 … . 지금 생각해 보니 내가 어리석었다. 어리석어도 한참 어리석었다. 내가 6개월 간 회사 장기연수로 뉴욕에서 지낸 적이 있는데, 10년 만에 다시 뉴욕에 가니 설레고 기뻤다. 아버지도 봉천에 가셨으면 나보다 몇 배의 감정을 더 느끼시지 않았을까?

결국 시간은 부모를 기다려주지 않는다. 돌아가시고 나서야 그 생각을 했다. 수천 개의 태풍과 천둥과 벼락을 안고 사셨을 아버지를 생각하면 가끔 가슴이 멍해진다.

부부의 세계

2020년 4월, 대한민국 안방은 불륜으로 뜨거웠다.

"이 지옥 같은 고통을 어떻게 돌려줄까?

남김없이 공평히 완벽하게."

지선우가 남편의 외도에 치를 떨며 내뱉은 절규다.

"이태오, 나랑 잤어."

그리고 자기 남편 이태오를 빼앗은 여다경에게 기분 좋게 훅 한방을 날린다. 과연 복수가 이뤄진 걸까? 모처럼 웰메이드 드라마 한 편이 코로나19로 피폐해진 안방을 뜨겁게 달궜다. 우리가 그동안 봐 왔던 스토리가 아닌, 쿨하지만 그래서 더 가슴을 후벼 파는 이야기로 긴장감을 끝까지 유지시켰다.

마지막에 지선우는 그녀답게 독백을 이어간다.

"내 심장을 난도질한 가해자, 내가 죽여 버린 치열하게 증오하고 처절하게 사랑했던 당신, 적이자 전우였고 동지이자 원수였던 내 남자, 남편!"

또 그녀는 일기에 이렇게 적었다.

"삶의 대부분을 나눠 가진 부부 사이에 한 사람을 도려내는 건 내 한 몸을 내줘야 한다는 것. 부부간의 일이란 결국 일방적 가해자를 완전무결한 피해자로 성립하게 할 수 없는 게 아닐까."

영국의 원작을 보지 못했지만 이 드라마의 스토리 전개는 그동안의 우리 드라마와는 많이 달라 보였다. 특히 외도한 후 그들이 내린 이혼 결정과, 결국은 상간녀와 결혼해 잘 살아가는 남편, 그리고 나중에 같은 동네에 살게 되는 상황이나, 남편 이태오의 "둘 다 사랑한다"는 이기심 등이 그러하다. 우리 주말 드라마에서는 볼 수 없는 스토리로 '말도 안 된다'라고 비판하는 사람이 있는가 하면, '현실 부부다'라고 말하는 사람들도 있었다.

심지어 유튜브에서는 전문가들이 나와 주인공들의 의사결정과 라이프스타일을 분석해서 옳고 그름을 중계방송하듯이 말하기도 했다. 이 드라마가 가진 파급 효과가 그만큼 컸다는 반증일 것이다.

우선 김희애라는 대체불가 배우의 연기가 압권이었다. 자기 가정을 지키는 여전사 같은 느낌도 좋았고, 현실 속 부부의 괴로워하는 연기 또한 공감을 일으키도록 감정선을 참으로 잘 잡아갔다.

"삶의 대부분을 나눠 가진 부부 사이에

한 사람을 도려내는 건 내 한 몸을 내줘야 한다는 것.

부부간의 일이란 결국 일방적 가해자를

완전무결한 피해자로 성립하게 할 수 없는 게 아닐까."

LG애드에 근무할 때 김희애 씨와 함께 일한 경험이 있는데, 그 짧은 시간에도 완벽 그 이상을 항상 연기해 감탄한 적이 한두 번이 아니었다. CF라는 것이 '15초의 예술'이라고 할 만큼 짧은 순간에 감정을 집중적으로 연기해야 한다. 그런데 그녀는 내가 촬영한 그 어떤 배우보다 훌륭한 연기로 출연한 광고마다 성공했다. 콘티를 완벽히 이해하고 나와 사전 미팅할 때 본인이 무엇을 말해야 하고 어떤 것을 어필해야 하는지 완전히 숙지하고 연기하고 있음을 알 수 있었다. 크리에이티브 디렉터인 내가 오케이를 해도 그녀가 콘티에서 표현하고자 했던 내용과 해석이 다를 때는 반드시 묻고 협의했다.

이런 완벽한 배우는 내 경험상 결코 흔하지 않다. 아니 거의 유일무이했던 것 같다. 적당히 시키는 대로 하고 가면 된다는 안일한 생각을 가지고 나오는 모델들이 태반인데, 그녀는 본인 스스로가 그것을 용납하지 않았다. 그래서 그녀와 촬영한 모든 스태프들은 입에서 입으로 그녀를 칭찬하고 팬이 되었다.

내가 이 드라마를 보게 된 이유도 처음엔 스토리가 아니라 오직 김희애 씨가 캐스팅되었다는 단 한 가지 이유였다. 역시 김희애는 김희애였다. 연기의 완벽함이란 그때나 지금이나 달라진 게 없었다. 그래서 그녀와 한 번 일해 보면 반드시 다시 일하게 된다는 것이 광고계 정설 아닌 정설이다.

이 드라마를 보면서 나는 스토리에 빠지기보다 상황에 따라 그녀가 표현해 내는 연기에 더 몰입했다. 함께 일했던 경험으로 저때는 분명 저런 요구를 했을 것이고, 저런 상황에서는 아마도 이런저런 연기를 해보이며 감독과 상의했을 것이다.

그녀는 내가 일해 본 그 어떤 배우보다 스마트했다. '연기의 신'이라는 표현은 그녀의 연기가 타고난 것이 아니라 엄청난 연습을 통해 이루어진 것임을 말해 준다. 아마도 많은 시청자들이 이 드라마를 보면서 김희애라는 걸출한 배우에게 매료되었을 것이고, 그녀가 연기한 지선우에게 공감했을 것이다.

종영 후 함께 출연한 배우들이 대부분 그녀에 대해 언급했다. 드라마의 중심을 잡아 주었다고 말한 배우도 있었고, 그녀가 있어 아무 걱정이 없었다고 말한 배우도 있었다. 그녀는 이렇게 대한민국 배우의 전설이 되어 가고 있다. 전설이라 말하기엔 아직 젊지만 그녀는 분명 대한민국 연기의 전설이라는 크레디트를 만들어 가고 있는 것이다.

웰메이드 각본도 있었지만 김희애라는 배우가 있어 이 드라마의 여운은 쉽게 사라질 것 같지 않다. 동시대에 저런 배우와 함께하는 것도 인생의 행운 중 하나라고 생각한다.

김희애는 언제나 옳다!

사랑은 'because of'가 아니라
'inspite of'이다

요즘 우리나라 젊은이들이 결혼을 기피한다는 뉴스가 보도되곤 한다. 그런 뉴스를 보면 과연 기피일까 아니면 포기일까 생각하게 된다.

예전에 가르쳤던 학생들이 졸업하고 버젓이 직장인이 되어 스승의 날이나 연말 연초에 만나 가끔 식사하는데, 기혼자보다 솔로가 더 많다. 나이가 40 가까운 이들인데 결혼한 사람보다 혼자인 사람이 더 많은 것을 보면 트렌드인지 아니면 뉴스에 나오는 대로 결혼 기피현상인지 잘 모르겠다. 그들 중에는 연애만 10년차도 있고, 긴 시간 사귀다가 결혼이라는 현실 앞에 좌절해 헤어지는 사람도 많다고 한다.

그들이 전하는 동기들의 이야기를 들어 보면, 사랑하는 사람이 없어 결혼하지 않는 것이 아니라 감당해야 할 현실적 삶의 무게 때문에 못하는 것 같다. 우리 때는 사랑하는 사람과 결혼해

문간방에서라도 살림을 시작했는데, 요즘은 그렇지 않은 것 같다. 그때는 문간방 전세라도 부끄럽지 않았고 미래에 대한 희망이 있었는데, 지금의 청춘들은 희망의 끈이 없다고 생각하는 것 같아 너무나 안타깝다.

'라떼'는 전우戰友 같은 느낌이 있었다. 마치 사이먼 앤 가펑클의 〈Bridge over troubled water〉의 노래 가사 같은 느낌이었다. 세상 사람들이 외면하고 힘들어도 나는 험한 세상 다리가 되어 함께 건너가겠다는 인생 전우가 있는데 무엇이 어려웠겠는가?

또한 주변 대부분의 친구나 직장 동료들이 서로 비슷한 처지의 흙수저들이었으니 못 올라갈 나무가 없었던 것이었다. 저 친구도 결혼해서 아파트를 장만했고, 저 선배는 전세에서 탈출해 아파트 입주기념 집들이를 하는데 나라고 못할 게 있겠는가 생각하게 하는 인생 동지들이 사방 천지에 있었기 때문에 결코 두렵거나 외롭지 않았던 것이다.

오랜만에 그때 그 감성으로 가사를 음미해 보자. 옆에 사랑하는 사람만 있으면 세상 두려울 게 없었음을 느낄 수 있을 것이다.

When you're weary, feeling small

When tears are in your eyes

I'll dry them all

I'm on your side

Oh when times get rough

And friend just can't be found

Like a bridge over troubled water

I'll lay me down

When you're down and out

When you're on the street

When evening falls so hard

I will comfort you

I'll take your part (내가 너의 일부가 되어 줄게)

Oh when darkness comes (어둠이 찾아올 때)

And pain is all around (모든 고통이 네 곁에 있을 때)

Like a bridge over troubled water (험한 세상 다리가 되어)

I'll lay me down (내 목숨 바치리라)

Sail on silver girl, sail on by

Your time has come to shine

All your dreams are on their way

See how they shine

Oh if you need a friend

I'm sailing right behind

Like a bridge over troubled water

I'll ease your mind

노래 가사를 잘 몰라도 '라떼'는 누가 이 노래를 부르면 모두 떼창을 하곤 했다. 특히 번역한 그 부분은 서로 악을 쓰듯 따라 부르곤 했다. 그만큼 우리의 감성과 맞닿아 있었던 팝송이다. 재벌의 자식이 아니라면 우리는 대개 열심히 공부해 대학에 들어가고 취업해 사랑하는 사람과 가정을 이루는 것이 그때 꿈이고 행복이었다. 친구 누군가 결혼하지 못하고 있으면 서로 주말마다 소개팅을 해주고 결혼을 독려하곤 했다. '라떼'는 ···.

생각해 보면 사랑은 잘생기고 명문대학을 나오고 재산이 많고를 따지는 'because of'가 아니라, 아무것도 없어도 'inspite of', 즉 그럼에도 불구하고 믿고 의지하고 험한 세상에 서로의 다리가 되어 주는 것이 아닐까? 살아 보니까 그런 부부들이 갈등도 적고, 술이라도 한잔 들어가면 할 이야기들이 많은 것 같다. 그런 부부들은 이른바 스토리가 있어 아름답다. 스토리가 있어 다음 이야기가 기대된다.

생각해 보면 사랑은 잘생기고 명문대학을 나오고

재산이 많고를 따지는 'because of'가 아니라,

아무것도 없어도 'inspite of',

즉 그럼에도 불구하고 믿고 의지하고

험한 세상에 서로의 다리가 되어 주는 것이 아닐까?

사랑은 이윤을 남기는
장사가 아니다

'버닝썬' 사건으로 일부 연예인들의 일탈행위가 적나라하게 드러나면서 충격을 주었다. 사랑하는 여자든 '원 나이트' 상대든 암튼 성관계 동영상을 몰래 촬영하고 카톡에서 공유했다는 뉴스를 접하고 많은 사람들이 공분을 느꼈을 것이다. 정말 순간이라도 사랑했기에 성관계를 가졌으면서 어떻게 상대 몰래 촬영을 하고 그걸 좋다고 다른 사람들과 공유하면서 평가할 수 있단 말인가? 이해할 수 없는 상황이었다. 혹시 그들은 가장 순수해야 할 사랑의 감정마저도 그저 웃고 즐기는 게임으로 인식한 것은 아닐까?

사랑은 누가 손해 보고 누가 이익 보는 그런 속성을 가지고 있지 않다. 단연코 사랑은 그런 감정의 교환이 아니다. 가장 지고지순至高至純해야 할 인간의 감정인 것이다. 어떻게 가장 아름답고 순수해야 할 감정 중 하나인 사랑의 감정을 온라인 게임보다 못하게 취급할 수 있는가? 아마도 이번 뉴스를 접한 많은 사람들은 순수하고 아름다운 사랑마저 게임처럼 취급하고 소비하는 현상을 보면서 많은 생각을 했으리라 본다.

사랑도 사람이 하는 일이라 서로 실수할 수도 있고 상처를 줄 수 있다고 생각한다. 그러나 남녀가 단 한순간이라도 사랑의 감정으로 만났다면 어떠한 일이 있어도 지켜 주고 보호해야 한다고 생각한다. 나이가 먹어 꼰대 같은 발상이라고 손가락질해도 할 수 없다. 사랑은 어머니의 희생 버금가는 인간만이 가진 특별한 감정이라고 믿는다.

그러기에 이런 뉴스를 접하면 도대체 대중의 사랑으로 인기를 누리고 사는 사람들이 어떻게 사랑의 감정을 가지고 장난칠 수 있는지 경악을 금치 못하겠다. 도대체 그들은 상대에 대한 인간적 존경과 예의를 조금이라도 가졌는지, 인간으로서 일말의 품격을 가졌는지 묻지 않을 수 없다. 그들이 보고 낄낄대던 여자들은 얼마나 큰 수치심과 배신감을 느낄 것인가. 어떻게 사랑했던 사람들을 동물원의 원숭이보다 못하게 전락시킬 수 있는가.

사랑의 감정마저 누가 손해 보고 누가 이익을 보는 그런 장사 개념으로 생각하는 사람들이 있는 것 같다. 주변에서 들리는 말을 들어 보면, 특히 남자들이 술자리에서 까발리는 연애담은 솔직히 내 상식으로는 용납할 수 없는 것들이 많아 눈살을 찌푸리

사랑은 누가 손해 보고 누가 이익 보는

그런 속성을 가지고 있지 않다.

단연코 사랑은 그런 감정의 교환이 아니다.

가장 지고지순해야 할 인간의 감정인 것이다.

게 된다. 그렇게 말하는 사람은 그가 누구든 사랑할 자격이 없다고 본다. 그가 남자든 여자든 성별에 관계없이!

이 사건으로 꽤 많은 연예인들의 민낯이 공개되면서 우리는 큰 실망감을 갖게 되었고, 다시 한 번 연예계에 대한 삐딱한 시선을 버릴래야 버릴 수 없게 되었다. 실망이다. 또한 무엇보다 불쾌했다. 물론 대부분의 연예인들은 건전한 사고방식으로 살아가고 사랑하고 있겠지만 말이다.

이러한 사건이 터지면 많은 사람들의 호기심으로 피해자들이 2차 피해를 입는 경우가 많다고 들었다. 그들의 SNS를 뒤져 누가 피해자이고 어떻게 당했다더라 하는 '카더라' 통신으로 잊지 못할 상처를 입히는 것이다. 제발 이런 야만적 행위는 없어졌으면 하는 바람이지만, 그렇게 피해자만 손가락질 당하고 또 그대로 넘어가는 경우가 태반이다. 매번 이런 사건이 터지면 많은 사람들이 흥분하고 강력한 처벌을 주장하지만 이내 잠잠해지고 세월과 함께 묻히고 만다. 안타까운 현실이다.

사실 이번 사건을 일으킨 연예인 중 한 명을 과거에 모델로 캐스팅해서 일한 경험도 있지만, 그때의 좋은 기억을 모두 지우고 싶을 정도로 불쾌했고 안타까웠다. 함께 일했던 연예인들 대부분을 응원하고 사람들에게도 되도록 좋게 말해 왔는데 허무해졌다. 한 번 인연을 맺은 그들의 음악과 연기를 봐주고 그들의 예능에 웃었던 내가 그들과 똑같은 사람이 된 듯해서 상당 기간 언짢았고 불편했다.

인간과 동물이 다른 것은 이성理性의 힘이라고 생각한다. 생각한다는 것은 이성적으로 판단하는 것이다. 그래서 우리는 함께 사는 주변에 불편함을 주지 않고 사회에서 사랑과 존경을 받는다고 생각한다.

안타깝게도 지금은 유명을 달리했지만 최진실 씨는 함께 촬영하면서 본인이 예쁘게 나오는 것보다 콘셉트를 어떻게 하면 살릴 수 있는지 묻고 확인하고 본인 연기가 맞는지 확인하고 또 확인했다.

라끄베르 화장품 광고를 함께했던 김남주 씨는 촬영장 분위기를 한껏 올리는 재주가 있었다. 밤샘 촬영이 기본인 CF 촬영장에서 메인 모델의 처신은 그날 분위기 전체라고 해도 과언이 아니다. 김남주 씨는 우리의 어려운 부탁에도 짜증내지 않고 연기를 시도하려고 노력했고, 감독이 "컷!"을 외치면 모니터로 달려와 확인하고 부족한 것을 묻곤 했다. 우리가 오케이 컷이 나왔다고 해도 때론 본인 맘에 안 든다면서 재촬영을 하겠다고 하는 경우도 있었다. 그러니 현장에서 얼마나 환영을 받았겠는가! 많은 빅 모델들이 광고는 부수입 정도로 생각해서 성의 없이 임하는데, 그녀는 프로답게 완벽하게 촬영에 임했다.

장미희 씨는 진도모피 광고를 함께했는데 우아함 그 자체였고 스태프에게 대하는 태도도 우아했다.

이미연 씨와는 LA로 해외촬영을 갔는데 너무 여리고 착해서 험난한 연예계에서 견딜 수 있을까 걱정될 정도였다. 광고는 순간의 연기인데 그걸 완벽히 해낸다는 것은 생각보다 어렵다. 그런데 이미연 씨는 아주 조용한 성격에 담대하게 연기해 해외촬영의 어려움을 잊게 할 정도였다. 본인 얼굴의 좌우 중 어느 쪽이 더 매력 있는지도 알려 주면서 촬영에 협조해 주었다. 그래서 오랜 시간이 지났지만 기억에 남는 배우 중 한 명이다.

심형래 씨는 개인적으로 나이가 같아 촬영 내내 웃고 떠들며 친구처럼 지냈고, 촬영이 끝나고도 한동안 개인적 연락을 주고받았을 정도였다.

한류 열풍의 중심에 있는 배용준 씨도 수줍음을 많이 타는 편이었다. 하루는 청담동 그의 사무실에서 만난 일이 있었는데, 그가 자기 방에서 좋은 비디오를 보면서 연기공부를 하는 노력파라는 사실을 그때 알게 되었다. 단순히 얼굴만 잘생긴 배우가 아니라 작품마다 연기가 매번 좋아지는 그의 비결은 그가 이렇게 연기에 대한 진지함을 가지고 부단히 노력했기에 가능한 것이라고 생각한다.

김희애 씨는 똑소리 그 자체였다. 비교적 신인시절에 촬영했는데 콘티에 대한 이해와 해석 능력이 탁월했다. 그녀와 2년 이상 함께 일했는데 촬영할 때마다 광고주는 물론 스태프들 모두에게 박수받는 몇 안 되는 배우였다. 그녀가 최근에 〈부부의 세계〉에서 정제된 연기를 하는 것을 보면서 '역시 김희애다'라는 감탄사가 절로 나왔다. 그녀의 연기를 보는 것 자체가 나에게는 감동이다.

최지우 씨는 데뷔 초에 함께 일했는데 성격이 명랑했다. 수줍어하면서도 본인의 연기에 대한 호불호도 이야기하면서 자신이 할 수 있는 최상급 연기를 뽑아내려고 노력하다 보니 촬영하는 컷마다 감탄이 절로 나왔다.

심은하 씨와는 전자제품 광고를 촬영했는데 프로의식이 대단했다. 여리게 보이지만 자기가 표현해야 할 연기에 대해서는 한 치의 양보도 없었다. 불필요한 컷에 대한 의견도 분명히 냈다. 왜 촬영하는지, 왜 필요한지에 대해 설명을 듣고자 했다. 일하면서 까다롭다고 느낄 수 있지만 그녀의 그런 자세는 오히려 작품의 완성도를 높이는 계기가 되곤 했다.

송윤아 씨는 화장품 모델로 함께 일했는데 그 어떤 여배우보다 촬영협조가 잘 되어서 그때부터 팬이 된 케이스다. 〈미스터 Q〉라는 드라마에 출연한 송윤아 씨를 보고 단아한 아름다움이 압권이어서 광고주에게 적극 추천하여 성사시킨 기억이 있다.

강부자 씨는 라면 광고를 함께 촬영했는데 본인 조카가 다니는 회사와 같이 일한다면서 우리를 아주 편하게 대해 줬다. 정말 우리네 어머니 같은 인상과 인성을 가지고 있어 즐겁게 일한 경험이 있다. 컷에 대한 해석의 차이로 촬영 컷 수가 늘어나도 모두 최상의 컷을 위해 열심히 일하는 모습이 보기 좋다며 우리를 칭찬해 주기까지 했다.

티아라는 한참 주가를 올리던 시절에 대전 근처에 있는 워터 파크 모델로 함께 일했다. 그녀들은 촬영장에서 떠나지 않는 웃음과 이야기로 밤샘 촬영의 피곤함을 잊게 해주었다. 정말 작은 실수라도 나오면 모두가 박수치면서 웃고 떠들고 난리였다.

광고대행사에서 30여 년간 몸담아 오면서 많은 모델들과 만나 일할 때 하나의 원칙이 있다. 내가 모신 광고주의 모델로 캐스팅된 연예인들에게 무한한 애정을 갖자는 것이다. 물론 인간이기에 흠결도 있고 촬영하면서 협조도 잘 안 되고 별거 아닌 일에 까다롭게 조건을 바꾸기도 하지만, 나는 대부분 이해하려고 많이 노력하는 편이다. 왜냐하면 CF에 나오는 한 컷 한 컷이 그들에게는 중요한 필모그래피가 되기 때문이었다.

세계 광고시장에서 우리나라와 일본이 모델비가 비싸기로 유명하다. 광고 모델들은 잊지 말아야 할 것이 있다. 광고주가 그

비싼 모델비를 감수하면서 캐스팅한 이유를 알아야 한다. 방송은 열심히 하고 광고는 대충 한다는 말도 들린다. 참으로 어리석은 행동이다. 광고인들은 한 번 촬영할 때 좋고 나쁜 정보들을 공유한다. 인성이 좋지 않은 모델들이 지속적으로 캐스팅되는 경우는 극히 드물다는 사실을 알아야 한다. 광고인들은 캐스팅하기 전에 서로 정보를 공유하기 때문에 나쁜 기억이 있는 모델은 추천하지 않는다.

또 하나의 원칙은 광고주로 한 번 함께 일한 브랜드나 회사는 무한사랑을 한다는 것이다. 광고주로 모신 제품들은 인연이 끊어져도 그 브랜드만을 고집한다. 그게 광고대행사나 모델들이 광고주를 사랑하는 올바른 방법이라고 생각한다.

사랑은 이윤을 남기는 것이 아니라 사람을 남기는 것이다.

세상의 모든 남자들 위에 군림했으나
단 한 남자도 통치하지 못한 여자

영국의 찰스 왕세자는 왕세자로서 올해로 68년의 세월을 보내고 있다. 최근 그가 72살 생일을 맞았다는 기사가 나온 걸로 봐서 아마도 영연방 왕세자로서 가장 긴 시간을 보낸 왕세자라고 기록되리라는 생각이 든다. '비운의 왕세자' 혹은 '직업이 왕세자'라는 비아냥도 있으며, 존경의 마음을 담아 부르는 별칭도 '영원한 왕세자' 또는 '언젠가는 왕이 될 남자'이니 즐거운 별명은 아닌 것 같다.

1969년 왕세자가 되었고, 1981년 7월 다이애나와 세기의 결혼식을 할 때까지만 해도 칭송 일변도였다. 그러나 그의 바람기가 기사화되면서 세상의 평판은 역전되기 시작했다. 그의 바람기가 심해지면 심해질수록 세상의 관심은 온통 다이애나비로 몰렸으며, 두 사람 사이의 갈등은 최고의 가십거리로 회자되곤 했다.

결국 이들은 1996년 8월에 이혼했고, 다이애나는 1997년 8월

31일 파리에서 비운의 교통사고로 사망하고 말았다. 당시 사귀고 있던 아랍 부호의 아이를 임신해서 교통사고로 위장해 죽였다는 음모론이 퍼지기도 했으나 조사는 단순 교통사고로 발표되었다. 당시 그녀 나이 꽃다운 36살 때였다.

나도 그녀의 팬이었고 묘한 호기심에 1999년 파리 출장 때 짐을 풀고 가장 먼저 간 곳이 그녀의 꽃다운 아름다움을 앗아간 현장이었다. 그녀가 사고를 당한 지하도로를 천천히 달리며 그녀를 추모했고, 밖으로 나와 보니 사고 장소에 사람들이 갖다 놓은 꽃들이 그때까지도 끊이지 않고 있었다. 그녀를 그리워하는 사람들이 나만은 아니구나 하는 생각이 들기도 했다. 근처 꽃집에서 하얀 국화꽃을 사서 헌화하고 기도한 기억도 생생하다.

그녀가 찰스 왕세자와 결혼 배필로 정해질 때부터 불의의 교통사고로 사망할 때까지 세상은 그녀를 그냥 놔두지 않았다. 결과적으로 그녀가 세상을 떠나고 나서야 그녀에 대한 관심은 잠잠해지기 시작했다. 아니 사망하고 나서도 동승자에 대한 이야기로 한바탕 시끄럽기까지 했다. 죽음도 그녀를 조용히 놔두지 않았던 것이다.

그녀는 '스물 八'이 되기 전에 영국의 왕세자비가 되었다. 겉보기엔 세상에 무엇 하나 부러울 것 없는 로열패밀리가 된 것이다. 그러니 세상의 그 많은 언론들이 그녀를 가만히 놔두었겠는가?

파리 출장 시에 그녀를 추모하면서

문득 그런 생각을 해봤다.

세상의 모든 남자들의 가슴을 설레게 했지만

진즉 사랑받아야 했던 한 남자 찰스 왕세자로부터는

버림받은 비운의 여자라는 생각을 지울 수 없었다.

그녀의 부모 형제는 물론 성장과정과 인간관계 등 필요 이상으로 밝혀지고 파헤쳐졌다. 평범하게 살아온 그녀에게 갑작스런 세상의 관심은 그녀를 뭉게구름 위에 떠 있는 것 같게도 했을 것이다. 그러나 한편으로는 자신의 비밀스런 것까지 모두 드러나 어디라도 숨고 싶은 마음이 간절했으리라고 추측된다.

짧은 결혼생활과 남편의 바람기로 이혼하는 과정이 그녀 나이에는 감당하기 힘든 고통이었을 것이다. 결과적으로 그녀는 사고로 사망했다. 사망하고 난 후 언론들은 자기들이 취재원으로 삼았던 여자의 죽음 앞에서 가시를 숨기는 듯했지만 이미 다이애나비는 이 세상 사람이 아니었다. 사람들은 본인이 가질 수 없는 것에 무한의 동경과 욕구를 느끼다가 나중에는 공격의 대상으로 삼는 경우가 종종 있다.

다이애나비가 사망하고, 찰스 왕세자는 다이애나비를 만나기 전부터 연인관계였던 커밀라 파커볼스와 재혼해 오늘에 이르고 있다. 2005년 4월 9일 윈저 시청에서 초라한 결혼식을 거행했다. 다이애나와 결혼 당시 60만여 명의 축하행렬과 전 세계에 라이브 중계되던 것과는 완전히 대조적인 결혼식이었지만, 그들의 사랑을 막을 수는 없었다. 사람들은 왕세자를 비난하지만 이미 다이애나는 사망했고 이 세상에 존재하지 않는다.

다이애나는 우리의 기억 속에 청순하고 지고지순한 여자로 남아 있다. 과연 그녀는 살아생전에 행복했을까? 생각해 보면 치욕적인 처녀 검사까지 받으며 결혼한 남자와 행복했을까? 누구나 아니라고 대답할 것이다. 행복하려고 한 결혼이었지만 아마 그녀에게 결혼생활은 감당하기 힘든 것이었으리라. 나는 그녀가 왕실의 존엄함 때문에 이혼을 섣불리 하지 못했으리라 짐작해 본다.

이미 다른 여자에게 정신을 팔고 있는 남자와 살아간 그녀의 삶은 아마 고통의 연속이었을지도 모른다. 그녀가 왕세자비로 결정되자 세상은 온통 그녀의 모든 것을 들쑤셔댔다. 그녀의 학창시절부터 성장과정 전부를 해부하듯이 벗기고 또 벗겨냈다. 그녀의 삶 내면은 볼 생각을 하지 않았다. 아니 보려고 생각조차 하지 않았던 것 같다. 조금이라도 왕실의 근엄한 생활신조에 벗어나기만 하면 뉴스의 정면에 나왔다. 아마도 다이애나비가 아닌 다른 여자였다면 견딜 수 없는 고통과 관심이었을 것 같다.

그녀는 비운의 교통사고로 역사 속으로 사라지고 말았다. 어느 죽음이 안타깝지 않겠냐만 나에게 다이애나의 죽음은 너무나 충격적이었다. 동시대에 살면서 존경까지는 아니지만 동경하고 마음으로 응원하는 아름다운 여자가 너무 일찍 세상을 떠났기 때문이다. 그녀는 영원히 내 마음속의 천사 같은 여자다.

파리 출장 시에 그녀를 추모하면서 문득 그런 생각을 해봤다. 세상의 모든 남자들의 가슴을 설레게 했지만 진즉 사랑받아야 했던 한 남자 찰스 왕세자로부터는 버림받은 비운의 여자라는 생각을 지울 수 없었다. 외견상으로는 세상의 셀럽들에게 부러울 것 하나 없는 여자였지만 가장 가까운 남자로부터 사랑받지 못한 비운의 여자 ….

'죽은 사람만 불쌍하다'라는 우리 어른들의 말씀이 있다. 다이애나에게 그대로 적용되는 말이 아닌지 모르겠다. 죽은 자는 말이 없고 남은 것은 산 자의 몫이다. 왕관을 쓴 자는 그만큼 무게를 짊어져야 한다. 그러나 다이애나가 사망하기 전 세계의 언론은 한 가정이 깨지는 과정에서 남자의 잘못보다 참지 못하고 행동하는 다이애나의 일탈에만 포커스를 맞추지 않았나 생각한다.

남녀평등이 이뤄졌다고들 하지만 세상은 아직도 여자에게 우호적이지 않다. 공격거리가 있으면 하이에나처럼 덤비는 것이 현재의 언론이요 세상인심인 것 같다. 다이애나가 중동의 부호와 만나자 세상은 더욱 처절하게 그녀를 물고 뜯었다. 어떻게 대영제국의 왕세자비였던 여자가 아랍 남자와 만날 수 있냐며 온갖 이유를 만들어 공격했다.

언론은 그녀가 세계를 돌면서 빈민 구제운동을 할 때도 그녀의 공익활동보다 누구와 함께인지 더 크게 보도했다. 그녀의 일거수일투족을 바라보며 혹시 남자 문제는 없는지가 관심사였다. 그녀의 입장에서는 정신적으로 최악의 상태에 이를 정도로 괴로웠을 것이다. 나는 이런 비열한 남성 중심의 사고와 편견을 보면서 언제나 형평성을 찾고 이런 안타까운 문제를 해결할 수 있을지 고민한 적이 있었다. 아마 세상의 권력을 남자들이 차지하는 한 이 문제는 영원히 숙제로 남으리라고 생각한다.

나는 화장품, 패션 등 주로 여성용품을 광고하는 입장이라서 여자에 대한 공부를 많이 했다. 광고 초년병 시절에 일본의 덴츠電通라는 광고대행사에 연수를 갔는데, 교육을 담당한 크리에이티브 디렉터와 사적으로 대화를 나눈 적이 있다. 그는 카피라이터 때부터 20여 년간 '기린 맥주'를 담당했고 현재는 크리에이티브 디렉터인데 브랜드 선택권이 여자로 옮아가고 있다는 것을 느낀다면서 나에게 여자 연구를 하라고 충고했다.

그 후 나는 잡지에 나오는 여성관련 기사나 특집 등을 스크랩했다. 지금처럼 인터넷으로 검색하는 환경이 아니어서 일일이 찾아 자료화했다. 이런 노력들이 쌓여 화장품, 패션, 백화점, 샴푸, 치약, 세제 등의 광고를 만들었다, 현재에도 여자들이 가장 원하는 화장품과 생활가전, 아파트 등의 광고를 주로 하고 있다.

나에게 마지막 버킷 리스트가 있다면 아름다운 러브스토리 영화를 만드는 것이다. 그동안 여자를 타깃으로 광고를 만든 노하우를 활용해 그들이 공감할 영화를 만드는 것이 마지막 꿈이다.

셰익스피어의 2,271번 사랑

아직도 실존인물이다 아니다로 논란이 끊이지 않는 작가 셰익스피어! 그의 작품 하나하나는 인류 역사에 영원히 남을 기념비적 작품이라고 해도 과언이 아닐 것이다. 그의 4대 비극뿐만 아니라 작품마다 그가 창조해 낸 인간상은 우리가 살아가는 현실 속 인물이라고 해도 어색하지 않을 정도이다.

평론가들은 셰익스피어가 그의 작품 속에서 사랑이라는 단어를 무려 2,271번이나 사용했다고 분석했다. 인간 삶의 복잡한 군상을 묘사하는데 사랑이라는 단어를 그렇게 많이 쓸 수 있었던 것은 그의 긍정적 인생관의 발로라고 짐작된다.

셰익스피어는 4대 비극인 〈햄릿〉, 〈맥베스〉, 〈리어왕〉, 〈오셀로〉를 비롯하여 여전히 전 세계 연인들의 가슴을 설레게 하는 사랑의 서사시인 〈로미오와 줄리엣〉 등 37편의 희곡과 여러 권의 시집을 남겼다. 그의 희곡을 보면 상상을 초월하는 배신도 있고, 분을 삭일 수 없는 증오도 있으며, 생사를 넘나드는 거래도 있다. 인간 내면의 희로애락을 치밀한 구성으로 전개하여 인류사에 영원히 기억될 작품들을 남겼다.

영국 사람들은 인도를 식민지로 지배하며 수많은 자원과 노동력을 착취하면서도 대놓고 "셰익스피어를 인도와도 바꾸지 않겠다"라고 말할 정도로 그는 영국의 자존심으로 불렸다. 그의 존재에 대해 아직도 많은 말이 오가지만 영국 사람들의 셰익스피어 사랑은 하늘을 찌를 듯하다.

삼촌이 아버지를 죽이고 심지어 어머니와 결혼하는 과정을 지켜보면서 고뇌하는 햄릿에서, 질투심에 평정심을 잃은 오셀로, 딸들에게 버림받은 리어왕, 왕이 되었지만 망상에 시달리는 맥베스까지. 그의 희곡은 순탄하지 않은 내용인데도 '사랑'이라는 단어가 많다는 것이 선뜻 이해가 가지 않는다.

아마도 셰익스피어는 세상사를 이끌어 가는 힘의 주체는 악惡보다는 선善이 더 효과적이라는 것을 그의 작품을 통해 전파하고 싶었던 것 같다. 인간사의 가장 밑바닥까지 묘사한 작품에서도 인간을 구원하는 유일한 희망은 사랑이라고 말하는 작품들이 많다. 뗄래야 뗄 수 없는 부부간에서도, 피를 나눈 부자지간에도 어쩔 수 없는 이유가 설정되어 있지만, 배신하고 반목하는 경우를 보면서 고등학생이던 나는 인간사의 다양성을 읽게 되었고,

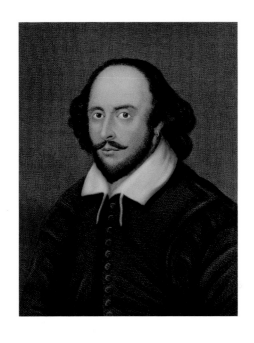

그의 글에 사랑이라는 단어가

2,271번 사용됐다는 사실을 알고 나서

인간의 마음을 움직이는 것은

결국 사랑이라고 생각했다.

그 후 사랑을 주제로 한 소설을 쓰기로 했다.

어쩌면 이런 상황을 만들어낼 수 있을까 하는 경외심이 들었다.

지금 표현으로는 막장 드라마 같지만 그것을 추하지 않고 설득력 있게 풀어내고, 심지어 감동까지 주는 그의 필력에 나는 그가 괴물이거나 루머처럼 혼자가 아니라 공동 작업하는 작가군이 있을 것이라고 혼자 결론 내린 적도 있다. 그는 인간이기보다는 글 쓰는 신이 인간계에 내려왔다고 느껴질 정도였다. 그의 주요 작품을 4독, 5독 하면서 주요 문장들을 필사하고 외우고 별별 짓을 다 해봤지만 거기까지였다.

다만 한 가지 그의 글에 사랑이라는 단어가 2, 271번 사용됐다는 사실을 알고 나서 인간의 마음을 움직이는 것은 결국 사랑이라고 생각했다. 그 후 사랑을 주제로 한 소설을 쓰기로 했다. 알량한 사랑 경험이지만 그것을 부풀리고 과장하고 양념을 아무리 쳐 봐도 내가 원하는 그런 작품은 나오지 않았다.

2, 271번의 사랑!

나는 생각했다. 셰익스피어가 표현한 2, 271번의 사랑이 모두 다른 빛깔이었다는 점에서 그는 아마도 사랑의 고수였거나 사랑이라는 이름으로 수많은 경험을 한 사람이었을 것이라고 ….

우리나라는 현재 '드라마 공화국'이라고 말할 수 있을 정도로 드라마가 많다. 월화드라마, 수목드라마, 주말드라마, 창사기

넘 드라마 등 채널을 돌리면 어느 채널에서인가 드라마가 방영되고 있다. 우리에게는 이야기를 좋아하는 유전자가 있는 듯하다. 우리는 할머니 무릎 위에서 '옛날 옛적에, 호랑이 담배 피던 시절에 …'로 시작되는 수많은 이야기들을 들으면서 자랐다.

그런 스토리텔링 조기교육이 우리나라를 콘텐츠 강국으로 만들지 않았을까. 한류의 시작이 드라마에서 시작되었다고 들었다. 드라마를 보고 주인공들이 갔던 찻집을 찾고, 그들이 즐겼던 극장에서 영화를 보고, 그들이 들렀던 식당을 찾아가 그들과 똑같은 메뉴를 먹으면서 그들이 나눴던 대화를 나눈다. 식당이나 찻집들은 영화나 드라마를 촬영한 바로 그 집이라고 홍보하면서 매출을 올리고 있다. 이런 현상이 한류를 이끄는 계기가 되고 많은 관광객을 불러오고 있다.

하지만 단순히 음식을 팔고 자리를 파는 표피적 한류에 머물지 말고 감정이입을 하고 즐길 수 있는 환경을 만들어야 한다고 생각한다. 정부나 지자체도 단순한 지원이 아니라 입체적 관점에서 콘텐츠를 소비할 수 있는 방향으로 지원했으면 한다. 영국이 인도와 바꾸지 않을 셰익스피어가 있듯이 우리도 뛰어난 작가나 콘텐츠가 나오기를 바란다. 이미 그런 조짐은 한류의 여러 분야에서 나타나고 있다. BTS가 세계를 점령하고 있고, 우리네 안방에서 인기를 끌었던 드라마가 동남아는 물론 미국, 인도를 넘어 아프리카의 젊은이들에게까지 감동을 주고 있다.

겨울철에 동남아로 골프 여행을 떠나면 그들에게 가장 많은 듣는 이야기가 한류 드라마와 가수들 이야기다. 내가 청소년 시절에 팝가수들에게 빠져 있었던 것처럼 그들도 우리의 드라마와 케이팝에 매료되어 많은 질문을 한다. 셰익스피어가 나를 사로잡았듯이 지금 세계는 한국에 매료되어 가고 있다.

여자는 음식을 눈으로 먹는다

우리 나이의 남자들에게는 '칼질'이라는 독특한 외식 문화가 있다. 데이트를 하거나 나중에 가정을 이뤘을 때도 여자들에게 환심을 사는 가장 간단한 방법 중 하나는 밖에 나가서 '칼질'하는 것이다. 여자들은 그래야 외식했다고 생각한다.

이른바 맛집이라는 데를 검색해서 간 곳이 누추한 분위기에 냄새까지 난다면 여자들은 분명 외식하고서도 딴소리를 한다. 유명한 식당을 찾아 그 막히는 길을 운전하고 가서 먹였더니 "이거 먹자고 이 고생을 했어?"라는 말이 나오는 것이다. 더 심각한 것은 그 이유를 남자들은 잘 모른다는 사실이다.

세끼 밥 먹듯 그런 식사가 아니라 이른바 레스토랑에 가서 나이프와 포크를 갖춘 그런 식사를 여자들은 '외식했다'라고 생각한다. 그럴듯한 한식집에 가도 온통 불만투성이다. 번지수를 잘못 찾은 것이다.

"아니, 이게 5만 원짜리야? 내가 집에서 하면 만 원도 안 들겠다. 암튼 남자들은 세상 물정을 너무 몰라!"

이런 빈정거림을 들으면 밥맛이 싹 달아난다. 기분 좋게 외식 갔다가 싸우고 들어오는 부부들도 많다. 이런 외식 폐단을 없애려면 한식보다는 양식을 선택하는 것이 훨씬 유리하다.

'라떼'에는…. 남자 입장에서 돈 쓰고 욕먹는 꼴이니 좋을 리 없다. 이런 황당한 경우를 당하지 않으려면 외식은 '칼질'이 안전하다. 요즘 젊은 층은 다르겠지만 우리처럼 나이 든 부부는 가족 외식을 한다면 가능하면 '칼질' 외식이 뒤탈이 없다.

여자들은 음식을 눈으로 먼저 먹는다. 한식집이 인테리어를 잘해도 보통 우리네 전통을 흉내 낸 것이다. 양식은 일단 은은한 조명에 럭셔리한 인테리어로 여자들을 설레게 한다. 음식을 먹기 전에 이미 눈으로 가슴으로 흥분도가 상당히 올라가는 것이다. 의자를 빼 주는 남자 종업원의 서비스를 받으면 흥분은 최고조로 올라가기 마련이다.

그리고 앉아서는 '이런 데 와서 식사하는 게 몇 년 만이냐?'로 시작하는 행복한 푸념을 늘어놓는다. 그것은 기분 좋은 푸념이어서 남자가 악성 댓글 같은 반응만 하지 않는다면 이 분위기는 끝까지 갈 수 있다. 음식이 코스별로 나오고 포크와 나이프로 식사하는 동안 보통의 아내들은 말문이 트인 아이처럼 행복한

여자들은 음식을 눈으로 먼저 먹는다.

양식은 일단 은은한 조명에

럭셔리한 인테리어로 여자들을 설레게 한다.

음식이 코스별로 나오고

포크와 나이프로 식사하는 동안

보통의 아내들은 말문이 트인 아이처럼

행복한 수다를 늘어놓는다.

수다를 늘어놓는다. 이것이 보통 가정의 행복한 그림 아닐까? 나는 외식할 때 이 원칙을 대부분 고수해 왔다. 여자들은 음식을 눈으로 먹고 입으로 쏟아내기 때문이다.

어디 분위기 좋은 호텔에서 브런치를 먹으면 여자들은 음식 맛보다는 분위기 이야기를 훨씬 더 많이 한다. 음식을 즐긴 후에는 SNS에 올리고, 나중에 친구들을 만나면 라이브 중계하듯 리얼하게 묘사한다. 음식을 눈으로 먹고 입으로 전달하는 것이다. 요즘은 SNS에 '나는 행복합니다'라고 알리기 일쑤다. 그 사람의 일거수일투족이 중계 방송되듯 다 알려진다. 아침은 무엇을 하고 점심은 무엇을 먹었으며 누구누구를 만나 차를 마셨는지 등.

문명이 발달하여 삶의 대부분이 좋아졌지만 때로는 내 사생활이 너무 적나라하게 까발려지는 듯해서 나는 SNS 활동을 일체 하지 않는다. 차라리 그 시간에 책 한 페이지라도 더 읽는 것이 유익하다는 생각에서다. 물론 내 생각이 다 맞지는 않을 것이다. 자기의 생각과 일상을 아는 지인들과 소통하면서 사는 즐거움을 만끽하는 것이 나쁘다는 것은 결코 아니다. 그것은 취향의 문제라고 생각한다.

2019년 2월에 새 아파트로 이사하고 온가족이 모처럼 즐거운 시간을 보냈다. 아내는 그동안 못 챙겨준 나에게 미안함을 보상이라도 해주듯 내가 좋아하는 음식들을 준비했다. 1991년생인

첫째 딸과 동갑내기 남자친구, 1994년생 아들과 한 살 연상인 여자친구, 그렇게 6명이 즐거운 식사를 할 때에도 맛있는 한식집과 캐나다 현지인이 즐겨 가는 맛집 중 하나를 선택하라고 해서 나는 내 철학대로 양식 레스토랑을 선택했다.

맛있게 식사를 하는데 아차 하는 깨우침이 내 머리를 스쳤다. 여기 사는 아이들은 어쩌면 매일 집에서는 한식과 양식 중간 정도의 식사를 하고 밖에 나가서는 캐나다 사람들과 똑같은 식사를 하기 때문에 집보다 맛있는 한식을 더 먹고 싶지 않았을까 하는 생각이 들었다.

식사 내내 내색은 하지 않았지만, 다음 식사는 한식집을 찾았다. 내 예상은 빗나가지 않았다. 그들은 음식이 나오면 반찬 하나, 요리 하나하나에 품평회를 했다. '한국의 어디에서 먹었던 바로 그 맛이다', '이건 도대체 어떻게 만들었지? 간단해 보이는데 …' 등.

식사하고 집에 돌아와서도 한동안 그 집 음식에 대한 후일담이 계속되었다. 어렸을 때 한국에서 먹었던 오리지널 맛과 캐나다의 한국음식점의 맛을 비교하며 수다는 그치지 않았다. 역시 내 판단은 틀리지 않았던 것이다. 특히 아내와 딸, 아들의 여자친구는 음식을 담은 그릇까지 기억하며 수다를 떨었다. 스물 초중반의 이 아이들이 한국보다 캐나다에서 더 오래 살았음에도 혀는 기억하고 있었다. 고추장과 된장의 한식을!

그들은 캐나다에서 더 오래 살았으면서도 한식이 그립고, 엄마가 해주는 음식을 먹으면 컨디션도 좋아진다고 했다. 그래서 아이들은 시험 보는 날이나 과제 발표 날에는 가급적 김치에 밥을 먹고 나가면 왠지 자신감이 생긴다고 했다. 그냥 웃고 넘길 일은 아닌 것 같다. 그들은 한국인에게 익숙한 음식을 눈으로 먼저 먹고 자신감을 장착한 뒤 삶이라는 전쟁터에 나가는 것이다.

2

/

사람은 사람과 함께할 때
아름답다

/

사람에게 사람이 위안이다.

사람에게 사람이 힘이 된다.

사람에게 사람이 응원이다.

사람이 사람의 울타리를 벗어나면

사람의 존재감을 잃어갈 수밖에 없다.

사람에게 사람만이 아름다울 수 있다.

나이를 먹으면 입은 닫고,
지갑을 열어야 한다

나이를 먹다 보니 이런저런 모임이 생긴다. 대부분 회비를 걷어 운영되지만 묘하게 공사公私 구분이 안 될 때도 있다. 이런 경우에는 대부분 선배들이 계산한다. 어렸을 때는 잘 몰랐지만 내가 그런 어른의 위치가 되어 보니 그럴 때 지갑을 잘 여는 사람들이 인기가 높은 것이 사실이다. 선배가 되어서 그런 위치에 이르지 못하면 자연스레 모임에 나가는 것이 소극적이 되기도 한다.

몇 개의 모임 중 3개 모임에서는 회비를 걷어 모든 것을 해결한다. 모임에 나가 개인 돈을 쓰는 일이 거의 없다. 기분 좋아서, 또는 애경사가 있어서 자청하여 쏘는 경우를 제외하고 대부분 회비로 처리한다. 그러니 회원들은 모임에 나가는 것이 부담이 없다고들 한다. 모임에서 하는 이야기들은 우리가 나이를 먹었으니 입은 닫고 대신 지갑을 열어야 후배들이 좋아한다는 경험들을 이야기하며 웃음을 짓곤 한다.

이 경우 남녀의 차이가 있는 듯하다. 우리나라에서 남자들은 선후배 의식이 강해서 비용적 측면은 대부분 선배들이 부담하고 또 그것이 도리처럼 수용되어 왔다. 반면에 여자들은 대부분 각자 분담해서 내는 문화가 학창시절부터 익숙해서 성인이 돼서도 그런 경우가 많은 듯하다. 뭐가 좋고 나쁘고의 문제가 아니라 우리나라 성인 모임의 일반적인 성향에 대해 말하는 것이다.

나는 선배의 가장 바람직한 역할은 후배가 헤매지 않고 바른 길로 갈 수 있도록 알려 주는 것이라고 생각한다. 대부분의 나의 첫 경험은 친구들과 함께했지만 선배들이 모범을 보인 것도 많다. 모교를 사랑하는 것도, 낮은 곳에 따뜻한 시선을 보내는 것도 모두 친구나 선배들과 함께하는 모임에서 배우고 실천하고 있다. 다만 골프 입문은 후배를 통해서 했는데, 보통 우리 나이 또래보다 10년 정도는 이른 나이에 시작했건만 스코어는 늘 동반자들을 즐겁게 해주고 있다.

나이가 들어감에 따라 처음 겪는 신체의 변화에 대처하는 건강 관리법도 선배들에게 배운 것이 많다. 누구나 나이가 들어가면서 자연스럽게 후배에서 선배가 되어간다. 나도 선배들처럼 후배들에게 베풀며 살려고 노력하고 있다. 베푼다는 것이 단순히 금전적인 것만은 아니다. 경험에서 오는 지혜를 나누고 내가

대부분의 나의 첫 경험은 친구들과 함께했지만

선배들이 모범을 보인 것도 많다.

모교를 사랑하는 것도,

낮은 곳에 따뜻한 시선을 보내는 것도

모두 친구나 선배들과 함께하는 모임에서

배우고 실천하고 있다.

먼저 경험한 것을 공유하면서 사람과 사람 사이의 울타리를 넓히고 있다.

국회에서 청문회 하는 것을 보면 보통 청문 대상자들을 탈탈 터는 경우가 많다. 그 사람들은 나름 우리 사회에서 성공한 사람들인데 청문회만 보면 우리나라가 마치 비리왕국처럼 느껴진다. 청문회 방식도 바꿨으면 한다. 우리나라의 역사를 살펴볼 때, 60, 70대는 격동의 시대를 거치면서 매우 치열한 삶을 살아왔기 때문에 어느 정도 이해해 주는 사회 분위기가 형성되었으면 한다.

못사는 나라에서 직장에 취직하고 가장 먼저 하는 일은 내 집 마련이었다. 내 집을 마련하기 위해 그 당시 직장인들은 물불 가리지 않고 일만 했다. 어디 번듯한 여행 한 번 하지 못했다. 해외여행은 꿈도 꾸지 못할 시기였다. 물론 그때는 해외여행이 자유롭지 못했기 때문이기도 했지만, 설령 나갈 수 있다고 해도 많이 나가지 못했을 것이다.

그때는 그렇게 사는 것이 맞는 줄 알았다. 내가 신입사원일 때 선배들과 커피를 마시면서 하는 대화는 늘 월세나 전세에서 탈출하는 이야기가 대부분이었다. 그때도 먼저 내 집을 마련한 선배들이 노하우를 전수해 주곤 했다. 우리 신입사원들은 선배들의 무용담을 들으면서 나도 빨리 사랑하는 사람과 결혼해 토끼 같은 아이를 낳고 내 집을 마련해야겠다고 소박하지만 원대한 꿈을 꾸었다.

회사생활을 하면서 돈 모으는 방법도, 아내와 갈등이 있을 때 화해하는 노하우도 선배들에게 배웠다. 우리끼리 술 마시며 놀 때 아내에게 둘러대는 수많은 핑곗거리도 그때 그 시절에 전수받은 것을 평생 써먹고 있다. 나만 그런 게 아니라 동기들도 서로 정보를 공유하여 거의 같은 소재로 핑곗거리를 만들었다. 그런 노하우를 우리 동기들이 대리가 되면서 후배들에게 전수해주었다.

이런 배움이 전해지면서 대대로 편하게 직장과 가정생활의 밸런스를 맞춰가며 살았던 것 같다. 그때 무슨 '워라밸' 같은 개념이 있었겠는가? 나라 전체가 대부분 못살 때인데, 아파트 분양받는 게 꿈이었고 그 꿈을 이루면 성공한 직장인으로 대접받았다. 그때는 모두 그렇게 살았다. 서로 비슷해서 창피하지도 않았다.

이런 세월을 견디었기에 청문회에 나와 곤혹을 당하는 후보자들을 보면 심정적으로 이해 가는 측면도 없지 않다. 나라 전체가 가난하여 경제발전을 추구하는 상황에서 개인이 성공을 거두며 일어난 과오들은 정도의 문제는 있겠지만 웬만하면 넘어갔으면 하는 바람이다.

선배 세대들의 과오를 다시 반복하지 않으면 나라도 사회도 발전하리라고 믿는다. 우리나라가 세계 10위권의 경제강국으로 도약하는 과정에서 불가피하게 발생한 문제들은 덮고 가자는 게 내 생각이다. 1970, 80년대에 취업한 보통 가장들은 내 집 마련이 꿈이었고, 그 뒤에 이른바 자가용을 샀으며, 여유가 있으면 여행도 다니고, 사람답게 살기 시작했다. 시대상황이라고 거창하게 떠들 일은 아니지만 우리가 인정해 주고 용서해 줄 수 있는 범위의 삶은 '그래, 그땐 그렇게 살았었지' 하면서 용서하고 이해하는 아량을 베풀었으면 한다.

능력 있는 후보자들이 이런 시대의 희생자가 되어 낙마하는 상황을 볼 때마다 안쓰럽기 짝이 없다. 물론 정도의 문제도 있고 상황의 문제도 있을 수 있다. 아픔을 극복하는 과정에 어쩔 수 없이 범법자가 되어 버린 상황은 용서하고 이해해 주자는 것이 내 생각이다. 청문회를 볼 때마다 안타까운 생각이 들 때가 많았다. 물론 중대 범죄를 저지른 사람까지 전부 이해하고 용서하자는 것은 아니다.

어려운 시대에 모두 '잘살아 보세!'를 외치며 두 주먹 불끈 쥐고 앞만 보고 걸어온 선배 세대나 우리 세대는 아마도 대한민국 역사상 가장 일을 많이 한 세대일 것이다. 그래서 역사는 우리나라를 원조받는 나라에서 원조하는 나라로 탈바꿈한 몇 안 되는 국가로 평가하는지 모른다. 어려운 시기에 태어났고, 가난한 나라에서 세계 10위권 강국으로 발전한 드라마 같은 역사 속에 사는 세대인 것이다.

이제 나도 꼰대 대열에 들어가지만 피 끓는 청춘시절을 지나여기까지 온 것이다. 선배들도 나도 가끔 이런 불평을 할 때가있다.

"요즘 애들 문제야!"

"요즘 애들 싸가지가 없어!"

"요즘 애들 말을 안 들어!"

하지만 내가 그 나이일 때 선배들이 나에게도 똑같은 불평을했을 것이다. 그런 문제아들이 있어 역사는 바뀌어왔고 발전해왔다고 생각한다. 아무 생각 없이 하라는 대로 하거나 시키는대로 다했다고 만족했다면 발전은 없었을 것이다. 오늘의 내가있는 것은 선배들의 가르침이 있어 가능한 것이고, 또 한편으로는 선배들과 같지 않으려는 노력이 있었기에 가능하지 않았나싶다. 그래서 만나는 인생 선배들은 모두 존경스럽다. 그들은모두 나의 선생님이니까!

나잇값을 못하는 남자

나는 나잇값을 못하는 편이다. 우선 가까운 지인들은 내가 철없다고 서슴없이 말한다. 부정하기 어렵다. 심지어 우리 아이들도 대학에 들어가자 나의 언행을 보고 초딩 수준이라고 놀리기 시작했다. 나는 앞뒤 상황을 따져 행동하는 경우가 그리 많지 않다. 그렇다고 남들에게 피해를 주는 경우는 극히 드물다. 내가 즐기는 라이프스타일이나 의사결정 과정을 보고 아이들이 놀리는 경우가 종종 있는 것이다.

아마도 내가 동안童顔인 이유도 있을 것이다. 만나는 사람들이 쉽게 내 나이를 가늠하지 못하는 경우가 많다. 얼굴에 무슨 고급 화장품을 바르는 것도 아닌데, 아무튼 요즘 사람들이 선호하는 동안 스타일이다. 또한 매사 하는 행동거지가 어른스럽지 못하다. 의도한 것은 아니지만 나는 어린 생각, 어린 라이프스타일에서 크게 벗어나지 않고 있다. 아마도 직업이 광고쟁이다 보니 늘 새로운 트렌드와 라이프스타일을 연구하고 쫓아가다가 이렇게 되었는지도 모르겠다.

또 하나는 나의 낙천적인 성격 때문일 것이다. 나는 걱정을 안 한다. 무뇌無腦라서 걱정을 안 하는 것도 아니고, 걱정거리가 없어서 안 하는 것도 아니다. 그냥 태생적으로 걱정하지 않는 스타일이다. 함께 사는 사람은 상대적으로 힘들 수 있을 것이다.

예전에는 바쁜 일상 때문에 나를 돌아볼 여유가 없었는데 지금 생각해 보니 나란 사람은 어린아이처럼 나만 생각하고 살아왔던 것 같다. 어찌 살아가는 데 걱정거리가 없겠냐마는 그 걱정거리의 절반 이상은 하지 않아도 되는 것일 가능성이 높다. 그래서 난 걱정을 안 한다. 그러다 보니 밝은 사람이 되었고, 밝다 보니 좋은 일이 자주 생기는 선순환 구조가 만들어진 것 같다.

동창 모임에 나가도 친구들은 모두 나를 '야, 후배가 여기 왜 왔냐?'라며 놀리는 경우가 많다. 어느 동창회에 나가도 듣는 이야기라 나에겐 새로울 것이 없지만, 때로는 '내가 철없이 잘못 산 것은 아닌가?'라는 생각이 들 때도 있다. 그러나 천성적으로 낙천적인 데다가 어떤 이유에서든 얼굴이 젊어 보이니까 그냥 좋은 뜻으로 여기고 살고 있다. 늘어 보이는 것보다 나쁘지 않기 때문이기도 하다.

"왜 나이를 묻습니까? 비틀즈를 들으면 난 언제나 23살!"

일본의 오래된 광고카피 중 하나다. 나는 이 카피를 보면서 이것을 쓴 카피라이터는 인생을 아는 멋쟁이라고 생각했다. 정말 멋지지 않은가? '비틀즈를 들으면 난 언제나 23살!' 나는 이 카피를 보는 순간 마치 내 좌우명처럼 다가왔음을 고백하지 않을 수 없다. 이 카피를 읽는 순간 나는 그때 그랬다. '23살! 평생을 이 느낌으로 살아갈 순 없을까?' 함께 사는 사람은 괴로울지 몰라도 그 나이 감성으로 살아가는 것은 행운이라고까지 생각했다.

우리나라 사람들은 유독 나이로 서열을 정하는 문화가 심하다. 해외에 나가면 그런 문화가 거의 없는데 우리나라는 일단 처음 만나면 족보를 캔다. 몇 학번이고 고향은 어디고 등. 사람들은 그 정보로 서로 서열을 정리하고 본업을 시작한다. 어떤 때는 이런 문화가 편할 때도 있지만 굳이 밝히지 않아도 되는 사실을 밝히는 경우도 많은 것 같다.

아마도 조선시대 500년 동안 대대적으로 내려온 유교적 관습이라고 생각한다. 특히 남자들 문화에서는 이런 관습이 오래 지속되고 있는 것 같다. 우리나라에 있는 서열문화의 대표적인 예일 것이다. LG애드에 다닐 때 WPP그룹이 LG애드를 잠시 인수

"왜 나이를 묻습니까?

비틀즈를 들으면 난 언제나 23살!"

일본의 오래된 광고카피 중 하나다.

나는 이 카피를 보는 순간

마치 내 좌우명처럼 다가왔음을

고백하지 않을 수 없다.

하여 그들과 같이 근무할 때가 있었는데, 그때 문화가 많이 다르다는 것을 직접 체험할 수 있었다.

가족이 전부 캐나다 토론토에 있기 때문에 1년에 한두 번은 만나러 가는데 짧은 시간이지만 우리와 다른 것을 보고 느낄 때가 많다. 운전할 때도 그렇고 공공시설을 이용할 때도 그렇고, 다른 문화이지만 거기서는 그 방식대로 따라 하게 된다. 어려운 일도 아닐 뿐만 아니라 어떤 것은 편한 것도 있다. 물론 어떤 것은 이해가 안 되는 것도 있다.

특히 토론토에서는 고속도로가 아닌 곳에서는 아무데서나 반대 차선으로 넘어갈 수가 있다. 이 경우 신호를 보내고 서 있으면 상대 차선에서 오는 차들이 대부분 멈춰 준다. 그리고 손으로 사인을 보내 준다. 먼저 가라고. 이 상황을 아내에게 물으니 중앙선을 넘겠다고 신호를 보내면 상대 차선의 운전자는 대부분 급한 상황이 있나 보다 하고 양보한다는 것이다. 서울에 살아온 나는 도통 이해가 되지 않았지만 정말 사람들이 그렇게 양보하며 운전하는 것을 보고 처음엔 놀란 적도 있었다.

로마에서는 로마법을 따르듯 여행은 사람을 젊게 만드는 묘한 매력이 있다. 적응하는 힘은 나이가 어릴수록 빠른 듯하다. 요즘은 코로나 19로 여행하기 어렵지만 1년에 한두 번은 해외여행을 하는데, 단순히 풍광 보고 즐기는 것 이상의 경험을 하려고 노력하는 편이다.

신체적 나이는 세월과 함께 먹어 어쩔 수 없이 늙어가지만, 정서적 나이는 먹지 않는 사람들이 삶을 여유롭게 즐기는 경향이 있는 듯하다. 가장 아름다운 나이에 경험한 음악이나 영화가 평생 또렷이 기억되는 것은 아마도 정서적으로 청춘시절에 경험해서일 거라고 나는 생각한다. 1주일 전에 본 영화보다 까까머리 고등학교 시절에 본 〈벤허〉가 더 생생하게 느껴지는 것도 그 시절에 각인된 감동이 지속되기 때문인 것 같다.

요즘 TV에서 7080 음악이 드라마 OST로 사용되거나 젊은 가수가 부르는 경우가 있다. 그러면 나도 종종 따라 부르는데 시간이 많이 흘렀는데도 가사가 절로 입에서 줄줄 나온다. 그때 그 노래를 들으면서 자주 만났던 친구나 카페까지 선명하게 떠오를 때도 있다. 사람은 옛날 사람이 좋고, 물건은 새것이 좋다는 말이 가끔 수긍이 갈 때가 있다. 기억은 삶을 추억하게 하는 화학반응 같다.

여자보다 여자를
더 잘 아는 카피라이터

요즘은 과거에 한 말이나 글로 곤욕을 치르는 사람들이 많다. 특히 글을 잘못 써서 매장되는 사례들이 많은데, 우리 사회가 좀더 유연성을 가졌으면 하는 바람이 있다.

특히 카피라이터로 평생 일하고 있는 나는 과거 섹스어필로 쓴 카피들이, 요즘의 잣대로 본다면 매장될 수준은 아닐지 몰라도 사회의 지탄을 받을 만한 내용들이 많았음을 고백하지 않을 수 없다. 당시에는 아무 의식 없이, 단지 주목을 끌어야 한다는 강박관념과 경쟁사보다 더 강력하게 어필해야 한다는 일종의 소명의식을 가지고 그런 카피나 광고들을 만들었던 것이다.

나는 여성용품 광고를 많이 제작해왔고 이런 이력은 지금까지 지속되고 있다. 화장품과 샴푸, 린스 같은 생활용품은 물론 여성 전용제품인 생리대와 브라, 팬티까지 주로 담당하곤 했다. 잘해서 맡은 경우도 있고, 다른 제품을 맡길 수 없어 그렇게 된 경우도 있었다.

한 번은 우리나라에 처음으로 형상기억 합금을 적용한 브라가 출시되는 프로젝트에 카피라이터로 참여한 경험이 있다. 여성 가슴의 모양을 기억시켜 놓은 브라인데, 지금은 기억이 가물가물하지만 그 브라의 원리는 온도가 25.7도가 되면 처음 기억시킨 모양대로 원상회복되는 것이었다. 그때는 우리나라에 처음 출시되는 제품이라 기대도 컸고 광고비도 많이 사용했다.

남자인 내가 어떻게 브라의 특성을 잘 알겠는가? 직접 사용하는 여성 카피라이터가 더 잘 알겠지만 그 프로젝트는 운명적으로 나에게 배정되었다. 그날부터 나는 퇴근하면 집에서 혼자 브라를 착용하고 느낌을 연구하기 시작했다. 그때가 아마도 초겨울이었던 것 같은데 브라를 착용해 보니 따뜻했다. 당시 나는 아마도 여자가 남자보다 추위를 덜 타는 것은 브라 때문이 아닌가 하는 합리적인 의심을 했다.

관계사인 롯데백화점의 협조를 얻어 매장에 잠입해 여성들이 이 브랜드를 착용하고 하는 소비자 언어를 얻기 위해 안간힘을 썼다. 그러나 2, 3일 지나가도 그렇게 시원한 카피는 나오지 않았다. 그런데 어느 멋진 아가씨가 매장에 들어와 브라를 고르다가 "이건 뭐예요?"라며 메모리 브라에 관심을 가졌고, 매장 직원은 친절하게 설명했다.

"우리 몸이 36. 5도잖아요 그런데 이 브라는 25. 7도에 브라 모양을 기억시켜 놓아서 세탁을 하거나 외부의 물리적 힘이 가해져도 바로 제 모양으로 돌아오는 특수 기능을 넣은 신제품이에요."

"그럼 남자가 안아 주는 느낌이겠네!"

설명을 들은 그 아가씨는 씨익 웃으면서 한마디 중얼거리고 브라를 신기한 듯 바라보며 구입했다. 나는 바로 사무실로 돌아와 제품의 특징을 설명하는 마지막 멘트에 "꼭 안아 주는 느낌이에요!"라는 카피를 썼다.

카피 자체가 힘이 있거나 야하게 느껴지지는 않았지만, 이 카피는 여자들의 마음을 파고들어 엄청난 성공을 거두었다. 처음엔 남자의 음흉한 생각으로 백화점에서 나에게 영감을 준 그 여자가 한 말처럼 "남자가 꼬옥 안아주는 느낌이에요"로 썼다가 광고 심의에서 거절될 것이 불 보듯 뻔해 '남자가'는 빼고 썼던 것이다.

이 카피가 그렇게 성공하리라고는 카피라이터인 나도 처음엔 상상하지 못했다. 나는 기계치요 길치라는 '특권'을 이용해 대부분 여성관련 제품 위주로 광고제작을 담당하게 되었다.

나는 정말 상상을 초월하는 심각한 길치다. 매번 가는 가까운 골프장도 항상 내비게이션을 켜고 간다. 처음 휴대폰이 도입될 때부터 나는 바로 개통해서 사용했다. 내가 얼리 어댑터라서가 아니라 가까운 곳에 가서 전화를 걸어 길을 물어 찾아가는 편리함이 있었기 때문이다. 그때는 내비게이션 기능은 상상도 못할 때라 이동 중에 근처에서 전화를 걸어 위치를 안내받았다. 정말 나한테 딱 맞는 신문명이었다.

강남에서 비교적 가까운 레이크사이드 CC에 갈 때마다 지금도 내비게이션을 켜고 간다. 중·고등학교 시절에 이사를 가거나 하면, 난 늘 불안했다. 버스를 어디서 타고 내리는지 알 수가 없었기 때문이다. 그래서 내가 찾은 방법은 정거장 수를 세는 것이었다. 어디가 어딘지 몰랐고 거기가 거긴 것 같았기 때문에 이사를 가면 한동안 재수가 좋아 앉아서 간다고 해도 졸 수 없었다. 졸면 집을 찾아갈 수가 없었기 때문이다.

결정적인 사건은 뉴욕에서 일어났다. 회사에서 인재육성 차원으로 1896년 뉴욕에 설립된 파슨스디자인스쿨Parsons The New School for Design, 이하 파슨스에서 한 학기 정도 공부하는 특전을 주는 교육 프로그램을 시행했다. 그때 나는 뉴욕 한인타운에 있는 스탠퍼드호텔에 장기 투숙하게 되었다. 학교까지 갈 수 있는 방법은 지하철과 버스가 있었는데 이용할 수 없었다. 어디가 어딘지 모르겠고 혹여 잘못 내리면 국제 미아가 될 것 같은 느낌이 들었기 때문이다. 그래서 결국은 걸어서 학교에 다니기 시작했다.

직진코스로 길치 특유의 센스를 발휘해 학교를 걸어 다녔다.

걸어 다니니 춥고 힘들었지만 체중에 변화가 오기 시작했다. 샤워하고 체중계에 올라서면 눈금이 조금씩 내려갔다. 3주 정도 지나니 3kg이 빠져 생각지도 못한 다이어트 효과가 나타났다. 또 하나는 그 복잡한 뉴욕 거리가 드디어 눈에 들어오기 시작했다. 수업이 없는 날에는 내가 가고자 하는 곳을 정해 호텔 프런트의 한인 직원에게 물어서 가는 방법을 알아내어 지하철이나 버스, 혹은 택시를 타고 갔다.

이렇게 6개월간 뉴욕 구석구석을 다녔더니 30여 년이 지난 지금도 뉴욕에 가면 펄펄 난다. 마치 고향에 온 것처럼 자연스럽게 뉴욕 여행을 할 수 있는 것은 그때 걸었던 결과라고 생각한다.

집에 들여오는 가전제품의 조립과 작동은 언제나 아내의 몫이었다. 나는 만지면 고장 나는 일명 '똥손'이었다. 그래서 나는 기계는 모두 한 번 사면 오랫동안 사용한다. 자동차도 사면 비교적 남들보다 오랫동안 탄다. 내가 무슨 지구를 지키려는 거창한 철학이 있어서 그런 것이 아니라 기계에 대한 두려움 때문이다.

하루는 동부이촌동에서 여의도 LG트윈타워까지 출근하는데, 지나가는 차들이 빵빵 경적을 울리며 난리다. 분명 내 차선을 유지하고 정속 주행하고 있는데 사람들이 지나가면서 경적을 울린다. 나는 속으로 '아니, 내 차선 유지하고 가는데 웬 난리야!' 라면서 정말 안락하게 출근했다. 그런데 회사 주차장 입구에서 경비 아저씨가 호들갑을 떨면서 차를 멈추게 한다. 난 창문을 내리고 "왜 그러세요?" 했더니 뒷타이어가 펑크 났다는 것이다. 내려서 확인하니 정말 타이어가 펑크가 나 있었다.

차가 이 지경이었지만 나는 운전하면서 단 한 번도 불편함을 느끼지 못했다. 생각해 보니 지나가는 운전자들이 경적을 울린 것은 내 차 상태의 위험함을 알려 주는 경고음이었던 것이다.

이 정도로 기계에 둔감하고 모르니 내가 현업에서 맡은 업무는 여성용품뿐이었다. 그때부터 나는 여자에 대한 연구를 시작했다. 신문이나 잡지에 나오는 여성관련 기사는 모조리 스크랩했다. 지금이야 인터넷에서 검색하면 원하는 정보가 넘쳐나지만, 내가 실무자로 일하던 1980, 90년대에는 그런 호사가 없었다. 모두 발로 뛰거나 스크랩을 해야 원하는 정보를 얻을 수 있었다.

나는 다양한 경로로 여성관련 기사들을 모았고 공부했다. 아마 내가 지금까지 여성제품 광고에 자신감을 가질 수 있는 바탕에는 그때 공부한 것이 8할 이상 작용할 것이다. 여자에 대해 공부하면서 많은 오해도 받았다. 대부분의 여성관련 기사들은 조금 야한 사진과 함께 게재되었기 때문에 주변 동료들에게 '변태'라고 놀림받은 적도 많았다.

한때 여성 광고인들의 전유물이던 화장품, 패션은 물론 심지어 브라, 팬티를 넘어 생리용품까지 내가 나름 역할을 할 수 있었던 것은 그때 스크랩의 결과라고 생각한다.

그런데 세상이 바뀌고 바뀌면서 브랜드 선택권이 남자에게서 여자로 넘어오는 '기현상'이 벌어지기 시작했다. 미국에서는 브랜드 선택권의 75% 이상이 여성에게 있다는 기사들도 심심치 않게 보도되곤 한다. 어쩌면 그 이상일 수도 있을 것이다. 일찍이 여자에게 관심을 두고 공부한 나에게 행운의 여신이 다가온 것이다.

여자에게 관심을 가지고 공부하면서 나는 스크랩을 하거나 짧은 글들을 내 메모 노트에 일일이 적어 놓는 것이 오랜 습관이 되었다. 오래된 메모 노트가 지금까지 현역으로 일할 수 있는 비결인지도 모르겠다.

그런데 이 불행한 길치, 기계치 유전자는 딸아이에게 고스란히 유전되었다. 토론토에서 학교를 다니다 방학 때 서울에 오면 대중교통을 전혀 이용하지 못했다. 아이가 있는 한 달은 내가 기사 노릇을 해야 했다. 내가 투덜거리면 딸아이는 언제나 당당하게 말한다.

"그러니까 왜 이렇게 낳았어?"

세상이 바뀌고 바뀌면서 브랜드 선택권이

남자에게서 여자로 넘어오는 '기현상'이 벌어지기 시작했다.

미국에서는 브랜드 선택권의 75% 이상이

여성에게 있다는 기사들도 심심치 않게 보도되곤 한다.

일찍이 여자에게 관심을 두고 공부한 나에게

행운의 여신이 다가온 것이다.

목련 같았던
옆집 예쁜 누나

나는 목련을 가장 좋아한다. 목련을 좋아하게 된 배경에는 잎보다 먼저 꽃을 피우는 숭고한 속성도 있지만, 고등학교 시절에 만난 '예쁜 누나' 때문이라고 고백하지 않을 수 없다.

문학병에 시달리던 중·고등학교 시절 나는 목련을 숭배하듯 좋아했다. 4월이면 가녀린 나뭇가지 사이에 잎이 나오기 전에 새하얀 꽃을 먼저 터트리는 목련을 보고 이 세상에서 가장 신비한 꽃이라고 생각했다. 당시에는 이런 것을 알아볼 전지전능한 '네이버'도 없었고, 친구들에게 물어도 돌아오는 대답은 늘 한결같았다.

"야, 쓸데없는 생각 말고 단어 하나라도 더 외워!"

어렸을 때고 이런 현상은 주변에서 흔히 볼 수 있는 것이 아니어서 목련의 신비함을 사랑하게 되었다. 그래서 중·고등학교 시절에 가장 좋아하는 꽃을 말하라면 서슴없이 목련을 말했다.

그렇게 목련에 대한 사랑이 시작되었고 알면 알수록 목련은 내가 생각하는 인생에 딱 맞는 꽃이었다.

그 당시에는 가장 좋아하는 꽃이 장미라고 하는 친구가 있으면 엉뚱하게도 격이 좀 낮다고 생각했다. 장미가 그냥 얼굴만 예뻐서 많은 사람이 좋아하는 여자라면, 목련은 지고지순한 천사 같았다. 그런 감정을 가지고 있었으니 평생 가장 좋아하는 꽃은 당연히 목련이었다. 목련에 매료된 것은 꽃 자체의 아름다움도 있지만 그때 그 시절 내 가슴에 피어나기 시작한 사랑의 감정 때문인 것 같다.

잎보다 꽃이 먼저 피는 나무는 목련만이 아니라는 사실을 알게 된 것은 그로부터 20여 년이 지나서였다. 우리 주변에 흔하게 피는 개나리, 진달래, 벚꽃, 매화나무, 산수유 등도 목련처럼 꽃이 먼저 피고 나중에 잎이 나온다는 것을 알게 되었다. 그러나 목련에 대한 첫 기억이 워낙 강해서인지 내 기억 속에는 목련만이 잎보다 먼저 꽃망울을 터뜨리는 숭고한 꽃으로 남아 있다.

특히 내가 목련에 매료되었던 때는 4월 어느 날 고등학교 등굣길이었다. 담 밖으로 핀 하얀 목련을 보고 있자니 옆집 1년 연상인 누나의 이미지가 겹쳐 보였다. 하얀 목련이 누나 그 자체였다. 하얀 목련 꽃은 누나가 입은 하얀 교복 상의 이미지와 같아 보였고, 겨울 추위를 벗어나지 못한 까만 줄기는 누나의 검은색 치마, 검은 스타킹처럼 보였다. 가끔 등교시간이 겹쳐 하얀 꽃 한 송이처럼 보이는 누나와 마주칠 때면 혼자 얼굴이 후끈거린 적도 많았다. 그래서 목련은 나의 질풍노도의 시기에 가장 좋아하는 꽃이 되었다.

어느 봄날 TV에서 목련에 대한 이야기가 나왔다. 한 식물학자가 목련은 잎보다 꽃을 먼저 터뜨린다고 말하는 대목을 들으며 그동안 눈으로 봐왔던 목련의 위대함이 과학적으로 증명되는 것 같은 기쁨을 느꼈다. 남들은 다 아는 상식이었지만 나는 특별한 발견인 것처럼 의미 부여를 했던 기억이 있다.

고교시절 그 무거운 책가방을 들고 낑낑대며 걸으면서도 4월의 목련만 생각하면 무거운 줄도, 힘든 줄도 몰랐다. 무거운 책가방은 가볍게 느껴졌고, 등굣길은 오히려 짧아서 아쉬웠다. 목련 같았던 옆집 누나가 이사를 간 날은 세상을 잃어버린 듯 아쉬웠다. 바라만 보고 아무 이야기도 하지 못했던 누나는 그렇게 내 시야에서 사라졌고, 그날부터 속앓이가 시작되었다.

지금처럼 포장이사 시절이 아니기 때문에 동네에 이사하는 집이 있으면 가까운 동네사람들은 다 알았다. 짐들이 밖으로 나오는 것을 보면 동네사람들은 이사 가는 집을 알게 되었고, 옆집 사람들이 나와 인사할 정도로 인간미가 그래도 남아 있을 때였다.

장미가 그냥 얼굴만 예뻐서

많은 사람이 좋아하는 여자라면,

목련은 지고지순한 천사 같았다.

목련에 매료된 것은 꽃 자체의 아름다움도 있지만

그때 그 시절 내 가슴에 피어나기 시작한

사랑의 감정 때문인 것 같다.

1년 선배였던 누나는 정말 얼굴이 목련보다 더 하얗고 허리를 질끈 묶은 교복은 또 얼마나 아름다운지 그때 그 시절 나의 마음을 사로잡았다. 좋아한다는 말도 못 붙이고 그 흔한 편지 한 장 전하지 못했지만 암울했던 내 청소년기의 우상이었다. 등하굣길에 우연히 마주치는 날이면 그날은 내 인생 최고로 재수 좋은 날이었다. 누나는 차분한 표정으로 '안녕!'이라고 인사했다. 아마도 누나는 나에게 아무런 감정이 없었기에 그렇게 해맑게 인사할 수 있었겠지만 나는 달랐다. 누나의 인사말 하나하나가 다 의미가 있었다.

'안녕', '잘 지내니?', '방학 때 어디 안 가니?'

누나의 인사는 항상 조금씩 달랐다. 시험기간이면 시험에 대해, 방학이면 방학에 관한 인사를 건넸다. 그렇게 상황에 맞는 인사를 해주니 내 가슴은 더욱 쿵쾅거렸는지도 모르겠다. 누나도 나에게 관심이 있으니까 항상 상냥하게 물어보는구나 하는 생각에 나는 더욱 설렜다.

지금 생각하면 고등학생에게 무슨 큰일이 있겠는가? 대개 비슷한 시기에 시험기간이 있고, 방학이 있고, 숙제가 있으며, 학년이 올라갈 때 새로운 짝이 생기기 마련이다. 누나는 고등학생 모두의 공통 관심사를 물어본 것인데 나는 특별히 내 상황을 잘 안다고 착각하고, 심지어 관심 있다고까지 생각했던 것 같다.

착각은 자유라지만 지금 생각해 보면 말도 안 되는 상황이었다. 그러나 그 착각마저 나에게는 설레는 시간이었고, 가슴 콩닥거리는 사랑의 순간이었다.

집착하지는 않았지만 대개 누나가 학교 가는 시간에 맞춰 나도 대문을 나섰고 1주일에 한두 번은 마주쳤다. 정말 내 스스로 재수가 있다고 생각한 주는 무려 네댓 번을 만날 때도 있었다. 그야말로 현진건의 '운수 좋은 날'의 연속이었던 것이다. 언젠가는 1주일 내내 한 번도 마주치지 못한 날도 있었는데, 그때 누나네 학교가 수학여행 중이었다는 것을 나중에 누나 남동생에게 귀동냥으로 듣기도 했다.

마음으로만 짝사랑한 누나였기에 마주쳐도 내가 먼저 인사를 하지 못했다. 항상 인사를 건넨 사람은 누나였고, 나는 그 어떤 감정도 전하지 못했다. 이제 와 생각해 보면 그 누나도 환갑을 넘긴 우아한 할머니가 되었을 텐데 내 머리와 가슴에는 그 시절 그 여고생으로 남아 있다.

언젠가 인사동에 갈 일이 있었는데 여고 교문이 눈에 들어왔다. 나와 아무런 관계가 없는 학교인데 그날 그 교문에서 고교 시절의 누나를 만난 듯이 소스라치게 놀랐다. 그때는 한 번도 그 누나가 다니던 학교에 가 보지 못했는데 40여 년이 지나 우연히 마주친 것이다. 두근거리는 가슴으로 교문에 다가가 안을 들여다보았다.

쉬는 날이라 학생들이 많지 않았지만 교복 입은 여학생 둘이 벤치에 다정히 붙어 앉아 재잘거리고 있었다. 모양이 바뀌었는지 몰라도 그때 그 누나의 교복이었고, 웃음도 재잘거림도 그때 나를 흔들었던 그 누나의 작은 목소리였다. 교문 밖까지 들리는 웃음소리가 싱그러웠다. 4월의 목련만큼이나 고고하고 청순한 웃음소리다.

누나는 지금 어디에 있을까?

양준일과 내 친구 H

JTBC의 프로그램 〈슈가맨〉에 나와 가장 크게 히트한 가수는 아마도 양준일일 것이다. 그는 프로그램에 나와 인기가수 시절 당했던 '갑질'에 대해 이야기했고, 현재 미국에 이민 가 식당 서 버로 힘겹게 살고 있다고 솔직히 말했다. 프로그램에 나올 수 있었던 것도 방송국에서 비용을 지원해 주었기 때문에 가능했다 고 고백했다. 아무리 잊힌 가수더라도 숨기고 싶은 치부까지 다 드러내며 이야기했다. 그의 진심이 사람들의 마음을 움직였다.

팬들은 양준일을 다시 무대로 불러냈다. 그의 진정성에 나라 가 들썩이기 시작했다. 행사가 잡히고 미국으로 돌아가지 말라 는 응원의 메시지가 전달되면서 그는 살기 어려워 외면한 고국 에 다시 안기는 행운을 얻게 되었다. 그는 인터뷰에서 "내가 시 든 꽃인데 자꾸 물을 줘서 살아나고 있다"고 절박하게 말하기도 했다.

그의 표현대로 그의 삶은 생각지 못한 방향으로 돌아가기 시작했다. 방송국 여기저기서 그를 섭외했고, 그를 광고 모델로 캐스팅하려는 브랜드가 10개 이상이라는 보도가 나오기도 했다. 한국에서 가수로서 도저히 가능성이 없어 이민을 택했고, 그곳에서 시급 생활을 하던 중 우연한 기회에 〈슈가맨〉에 나와 엄청난 반향을 일으킨 것이다. 이른바 '양준일 신드롬'이라고 불릴 정도로 그의 성공은 대단하다고 평가받고 있다.

사람들이 지나간 음악에 빠지는 이유는 다양하다. 그때 그 시절에 대한 향수일 수도 있고, 한때의 추억으로 반짝하는 경우도 종종 있다. 사회학자 지그문트 바우만Zygmunt Bauman은 그의 저서 《유토피아 대신 레트로토피아》에서 이런 현상을 '레트로토피아'로 설명하며, 이는 "더 나은 미래를 희망하는 대신 만사가 예전처럼 되기를 원하는" 것에서 비롯되었다고 주장한다. 그는 "레트로토피아란 과거의 향수이며, 향수란 과거에 경험했던 무엇에 대한 아련한 추억을 의미한다"라고 정의한다.

JTBC 〈슈가맨〉 프로그램의 인기도 바로 이 현상의 일종이라고 할 수 있겠다. 한때 우리에게 인기를 모았던 가수를 송환해서 향수에 취하고 심리적 안정감과 만족감을 누릴 수 있는 기회를 얻기 때문인 듯하다. 우리 사회에 불같이 일어난 '소확행'도 같은 느낌 아닐까? 소소한 것에 만족하고 행복을 느끼는 감

사람들이 지나간 음악에 빠지는 이유는 다양하다.

사회학자 지그문트 바우만은 그의 저서

《유토피아 대신 레트로토피아》에서 이런 현상을

'레트로토피아'로 설명하며,

이는 "더 나은 미래를 희망하는 대신

만사가 예전처럼 되기를 원하는" 것에서

비롯되었다고 주장한다.

정은 자아만족이나 자아도취적 성격이 강한데 이런 감정적 만족감도 레트로토피아와 심리적으로 선이 닿아 있는 듯하다.

인스타그램에 일기 쓰듯, 때론 자랑하듯 일상을 올리는 것도 자신의 심리적 안정감이나 만족감에서 비롯되었다고 보인다. 타인들이 어디서 밥을 먹고 무엇을 했는지 궁금하지 않지만, 보면서 또래집단이 무엇을 하며 어떻게 지내는지 알아보고 안심하거나, 아니면 질세라 자기도 비슷한 경험을 해서 올린다. '나도 너만큼 잘나가'라는 심리가 저변에 있을 수 있다고 본다. 그래서 현재 '인스타그램'이나 '셀피'의 인기가 또 하나의 나르시시즘이라고 주장하는 학자들도 있다. 자기의 우울한 모습을 올리는 사람들은 많지 않기 때문이다.

물론 자살한 사람들은 이미 많은 암시를 하고 있다고 한다. 세상에 대한 구원의 손길을 바라고 있는데 주변에서 대수롭지 않게 여겨 큰 변을 당하는 경우가 종종 있는 것 같다. 최근에 자살한 연예인들의 마지막 메시지들을 보면 그들이 이미 자기 한계에 이르러 뭔가 생의 마지막으로 치닫고 있음을 암시하는 글들이 올라와 있음을 알 수 있었다. 무딘 주변 사람들이 캐치하지 못했거나 관심을 두지 않았기 때문에 그 아픔을 공유하지 못했던 것이다. 큰 변을 당하고 나서야 그때 그 메시지가 얼마나 아파하면서 썼는지 인지하면서 후회하는 경우가 많다.

118

사람은 살아가면서 스스로 즐거운 일이든 아픈 일든 알리고 공유하면서 심리적 공감대를 넓혀 간다고 생각한다. 단순히 내가 어디서 누구를 만나고 무엇을 먹었으며 어떻게 지내는지만 알리는 것이 아니라, 자기의 심리적 상황을 알리는데 주변에서 관심을 두지 않았던 것이다. 본인은 아프고 절망스러워 신호를 보내는데 가까운 사람들, 즉 가족이나 친구나 연인들이 이를 지나칠 때 더욱더 세상에서 자기 혼자만 외롭고 아프다고 느꼈을 것이다. 그래서 그런 극단적 방법으로 세상과 등지는 것 같다.

내가 처음 이런 극단적 선택과 마주친 것은 중학교 1학년 때였다. H는 반장이었고 우리보다 두 살 많았다. 여름방학이 끝나고 다들 학교에 나가 방학과제를 걱정하고 있는데 '열중 쉬엇! 차렷!'을 하는 반장이 나오지 않았다. 누구 하나 그 이유를 몰랐고, 그동안 만나지 못했던 친구들과 어울려 노느라 관심을 기울이지 못했다.

그때 담임선생님이 근심 가득한 얼굴로 출석부 대신 국화꽃 다발을 안고 들어오셨다. 반장이 없으니 부반장이 눈치를 보다가 일어나 '열중 쉬엇! 차렷! 선생님께 경례!'를 하자 선생님은 우시기 시작했다. 담임선생님은 이제 막 사범대학을 졸업하고 처음 반을 맡은 예쁜 누나 같은 선생님이셨다. 그런 선생님께서 우시니까 교실 안은 갑자기 싸늘한 냉기가 돌았다.

그리고 선생님은 그 친구의 비보를 전했다.

"반장이 사고로 방학 중에 하늘나라로 갔다."

띄엄띄엄 그리고 울음을 안으로 참으면서 그 친구의 사망소식을 우리에게 알렸다. 내 기억에 자살이라는 말은 안 했지만 반 친구들은 다들 그 친구가 자살했으리라고 생각했다. 이유는 모르지만 우리 친구들 대부분은 그렇게 생각했다. 중학생 당시 두 살이 많았던 그는 우리와 생각이 달랐고, 어휘 수준도 우리와는 완전 딴판이었다. 그는 같은 반 친구지만 형이었고 우리의 미래 같아 보였다.

선생님은 어렵게 말씀을 하시고 그 친구의 자리에 국화꽃을 놓으셨다. 그리고 우리에게 "친구가 하늘나라로 갔지만 모두 좋은 친구로 기억하고 잊지 말라"고 당부하시고 조회를 마치셨다. 선생님이 나가시고 우리는 그 누구 하나 떠드는 사람이 없었다. 자리를 뜨는 친구도 없었다. 보통 선생님이 나가시기 무섭게 우리는 서로 삼삼오오로 모여 떠들고 희희낙락이었는데 그날은 완전 달랐다. 모두 자리에 앉아 꼼짝을 못했다. 그 어린 나이에 죽음을 받아들이기 쉽지 않았을 것이고, 다들 입 밖으로 소리는 내지 않았지만 울고 있었을 것이다.

내가 그 친구의 죽음을 소환하게 된 것은 그 친구가 지금처럼 소통할 수 있는 다양한 방법이 있었다면 그렇게 어린 나이에 허망하게 목숨을 끊지 않았을 수도 있지 않았을까 하는 조심스런 생각이 들기 때문이다. 그는 우리에게 친구이자 형이었고 거의 모든 호기심에 명쾌하게 답해 주는 '척척박사'였다.

과거를 돌이켜 보면 아름다운 추억도 있고 가슴 아픈 기억도 있기 마련이다. 아쉬움도 있고 그때의 나에게 박수쳐 주고 싶은 장면도 있을 것이다. 그게 인생 아닐까?

나폴레옹과 헬렌 켈러,
그리고 빌 브란트

인류 역사상 가장 위대한 정복자 중 한 명인 나폴레옹 Napoléon I 은 수많은 일화를 남긴 것으로 유명하다. 그는 유럽을 점령하고 막강한 권력을 과시했는데, 노후에 남긴 말은 매우 아이러니하다.

그는 1769년에 태어나 하급 귀족으로 지내다가 프랑스 혁명의 혼란기에 당시에 그 누구도 따라올 수 없는 전략과 전술로 유럽을 호령했고, 나가는 전쟁마다 승리함으로써 국민적 영웅에 등극하는 영광을 얻었다. 그는 이런 인기를 이용하여 1799년에 쿠데타를 일으키고 스스로 제1통령에 취임했다. 5년 후에는 프랑스 원로원이 그를 황제로 추앙했다. 그 후에도 그는 수많은 전쟁을 일으켜 유럽을 통치하게 되었다.

그렇게 잘나가던 그도 1812년 러시아 정벌 실패로 몰락의 역사로 들어가게 되었다. 결국 그는 엘바섬에 유배되는 불행을 겪으며 고생하다가 탈출하여 재집권했지만 1815년 6월 워털루 전

"내 생애에 행복한 날은 6일밖에 없었다!"

그를 행복하게 했던 6일이 언제인지 알 수 없지만,

그토록 화려한 삶을 산 황제가 인생을 정리하는 시점에

단 6일만 행복했다고 말한 것이 사사하는 바는 무엇일까?

투에서 패배하면서 그의 시대에 종말을 고하게 되었다. 그는 마지막으로 영국 왕실에 구속되어 세인트헬레나섬에 유배된 뒤 그곳에서 숨을 거뒀다. 그의 자화상을 그린 화가들의 증언에 따르면 그는 자신의 키가 작다는 것에 엄청난 콤플렉스를 가지고 있었다고 한다.

화려한 삶을 누린 그였지만 인생 마지막 순간에 남긴 말은 의외로 소박해서 많은 것을 생각하게 만든다.

"내 생애에 행복한 날은 6일밖에 없었다!"

그를 행복하게 했던 6일이 언제인지 알 수 없지만, 그토록 화려한 삶을 산 황제가 인생을 정리하는 시점에 단 6일만 행복했다고 말한 것이 사사하는 바는 무엇일까? 그에게 가장 행복한 시기는 언제였을까? 어느 시기를 그는 가장 행복한 시기라고 생각하고 있었을까? 처음으로 관리가 되었을 때였을까, 결혼했을 때였을까, 아니면 전쟁에서 승승장구할 때였을까?

나폴레옹과는 정반대의 성장과정을 보낸 미국의 헬렌 켈러 Helen Keller는 어느 날 이렇게 자기 삶을 회상했다고 한다.

"내 생애에 행복하지 않은 날은 단 하루도 없었다!"

평생을 장애를 안고 살았던 그녀의 입에서 나오기 어려운 인생고백 아닌가? 영화나 전기로 본 그녀의 성장과정은 그야말로 전쟁 같은 삶 그 자체였다. 그런 그녀가 행복하지 않은 날이 단 하루도 없었다고 회상한 것을 보면 그녀가 인생을 바라보는 시각이 어떠했는지 짐작할 수 있다.

그녀는 생후 19개월 되었을 때 원인 모를 심한 병에 걸려 목숨을 잃을 뻔했다. 부모의 극진한 치료와 간호로 겨우 목숨은 건졌으나 청각과 시각을 잃어버리는 대가를 치러야만 했다.

잃어버린 청각과 시각을 조금이라도 회복하기 위해 안 해본 일이 없을 정도로 노력을 기울였지만 그녀는 회복하지 못했다. 그러자 그녀의 부모는 보스턴에 있는 퍼킨스 맹아학교에서 근무하는 앤 설리번Anne Sullivan을 가정교사로 모셔온다. 그 둘은 초기에는 엄청난 불협화음을 냈지만 결국 서로에게 신뢰의 끈을 형성하면서 헬렌 켈러의 상태는 날로 좋아지기 시작했다. 훗날 두 사람의 노력과 성공을 다룬 영화나 책도 많이 나왔다.

그리고 그녀는 비장애인도 입학하기 어려운 래드클리프대학에 들어가 좋은 성적으로 졸업하게 된다. 그리고 장애의 어려움을 딛고 시각장애인을 위한 모금운동을 전개하는 등 많은 업적을 이루며 세계적 유명인사로 살다가 1968년에 세상을 떠났다. 그녀는 불굴의 의지를 가지고 도전하면 이루지 못할 일이 없다는 교훈을 우리에게 남겼다.

나폴레옹과 헬렌 켈러의 삶을 일대일로 단순 비교할 수 없지만 두 사람의 인생 여정은 우리에게 시사하는 바가 크다. 나폴레옹은 야망을 가지고 유럽을 점령하고 러시아까지 정복하려 했지만 결국 뜻을 이루지 못하고 세인트헬레나섬에서 쓸쓸하게 생을 마감했다. 그러나 후천적 장애를 가진 헬렌 켈러는 오히려 자기 장애를 인정하고 인간이 할 수 있는 최대의 노력으로 극복하며 인류에 좋은 삶의 지표 하나를 만들어 놓았다. 누구의 삶이 더 성공적이냐를 비교하려는 것이 아니라 삶을 대하는 태도에 따라 삶의 진행방향은 엄청나게 달라질 수 있다는 것이다.

지금 우리나라 청춘들을 뒤흔드는 금수저, 흙수저 논란은 인정할 부분도 있다. 하지만 자기 삶을 사랑하는 책임이 있다면 얼마든지 금수저 행렬에 동참할 수 있다는 생각이 든다. 금수저까지는 아니더라도 은수저, 동수저의 삶은 가능하지 않을까? 안 된다고 포기만 하지 말고 가능성을 가지고 도전하는 삶을 살았으면 한다. 재벌가 자식들처럼 태어나자마자 웰메이드 세상이 보통 사람들에게 가능하겠는가?

요즘 젊은 층에게 가장 핫한 이슈는 공정성 같다. 그래서 최순실에게 분개했고, 조국 장관에게 실망했는지 모른다. OECD 국가 중 10년 넘게 자살률 1위라는 오명을 벗는 방법도 공정성에서 찾을 수 있을 것 같다. 그리고 정치인들에게 바라는 것은

21세기, 4차 산업 시대에 맞는 이슈 메이킹을 하고 실천하려는 노력을 했으면 좋겠다. 진영 논리에 허덕이지 말고 더 큰 국가적 어젠다를 발굴하고 도전하는 그런 정치인이 나왔으면 하는 바람이다.

서독의 빌리 브란트Willy Brandt 총리를 존경한다. 그는 1970년 12월 7일 폴란드 수도 바르샤바에서 거행된 희생된 유태인을 기리는 위령탑 앞에서 헌화 도중 갑자기 무릎을 꿇었다. 함께 참석한 각료와 경호원들은 처음엔 현기증으로 쓰러지는 것으로 착각했다. 일국의 수상이 공식행사에서 무릎을 꿇는 것은 그리 흔치 않은 광경이었기에 현장에서는 많은 사람들이 당황했다. 그가 무릎을 꿇은 것은 과거 독일 나치에 의해 희생된 폴란드 유태인들에게 진심 어린 사죄를 하기 위해서였다. 그는 꽤 긴 시간 무릎을 꿇고 고개를 숙여 기도했다. 그 추운 12월 겨울 콘크리트 바닥에 꿇어앉아 진정성을 가지고 독일의 역사적 범죄에 대한 용서를 구한 것이다. 멋지지 않은가?

우리에게는 빌 브란트 같은 정치인이 나타나지는 않을까? 나는 우리 교육이 가장 큰 문제라고 생각한다. 우리는 태어나 걷기 시작하면 암기교육을 시킨다고 해도 과언이 아니다. 나는 이런 교육은 일종의 학대라고 생각한다. 이렇게 성장하니까 공감능력이 떨어지는 것이다. 남은 어떻게 될지언정 나만 잘되면 된다는 생각이 우리나라 조기교육 현장에서 너무나 많이 목격되고 있다. 이렇게 자란 아이가 어떻게 사회적 약자에게 따뜻한 시선을 보내겠는가? 이렇게 자란 아이가 어떻게 공감능력을 가질 수 있겠는가?

문제 하나를 더 잘 풀고 점수 1점이라도 더 높이려는 우리 교육제도는 혁명에 가까운 개선이 필요하다. 왜냐하면 교육 속에 인물이 나오기 때문이다. 지금의 교육 시스템이 아니라 혁명적 방법으로 바꾼 교육이 앞으로 대한민국 미래를 밝히는 인재를 만들어내리라는 믿음에 변함이 없다. 교육이 바뀌어야 사람이 바뀌고 나라가 바뀔 수 있다.

여자는 권력을 얻기 위해 섹스를 이용하고, 남자는 섹스를 얻기 위해 권력을 이용한다

007 시리즈 영화를 보면 상대방의 정보를 빼내기 위해 다양한 첨단방법을 사용하곤 한다. 그중에서 관객의 눈요기는 이른바 미인계美人計라는 이름으로 활약하는 섹시한 여배우들이다. 그녀들은 대개 처음엔 상대 진영의 전사로 나와 영화의 위기감과 긴장감을 올리다가 결국 남자 주인공과 사랑에 빠지면서 반전되는 경우가 많았다. 대개 이분법으로 나눠 '나쁜 나라'의 전사로 나오는 여자들은 한결같이 섹시하고 매력적이어서 '좋은 나라'의 남자들을 유혹해 소기의 목표를 달성하다가 결국은 남자 주인공과 사랑에 빠져 역으로 넘어가는 경우가 많았다.

육감적인 몸을 이용하여 목표를 달성하는 여자와 달리 남자들은 원하는 여자를 얻기 위해 권력과 금력을 이용해왔다. 속성적으로 보면 여자는 권력을 거머잡기 위해 섹스를 이용하고, 남자는 섹시한 여자를 자기 것으로 만들기 위해 권력을 이용한다.

이 과정이 드라마틱하면 할수록 영화나 소설은 흥미진진해진다. 특히 영화나 드라마에서 이런 구성은 참 많이 이용되는데 남자의 욕망이 크면 클수록, 여자가 섹시하면 할수록 긴장감은 최고조로 올라간다. 아마도 007 시리즈는 이와 같은 구도와 설정에서 이미 절반의 성공은 거두었다고 해도 과언이 아닐 것이다.

문명사에 나타난 자료들을 보면 대부분 권력의 핵심은 남자들의 전유물이었다. 세상은 권력을 가진 사람들의 가치관으로 돌아가기 마련이다. 그들의 가치체계로 세상은 움직였다. 조선 500년 역사를 보더라도 극명하게 나타나 있다. 성군이 나타나면 나라의 힘도 강해지고 백성들도 태평성대를 맞이하곤 했지만, 폭군이나 능력 없는 임금이 자리에 오르면 외세의 침략도 잦아지고 내부의 갈등도 심해졌다. 이런 정치의 무능함은 고스란히 백성들에게 피해가 돌아갔다.

특히 가부장적 사회일수록 그런 현상은 두드러졌다. 우리의 역사를 보더라도 왕은 대부분 남자들이 차지했고 그들은 많은 후궁들을 거느렸다. 아마도 이런 남자들의 생각의 DNA 속에 남성 우월에 대한 고정관념이 뼛속까지 심어졌는지도 모른다. 사건, 사고의 뒷면을 보면 남자들의 대형 사고의 배경에는 여자가 있는 경우가 많다. 그것을 호사가들은 '베갯머리송사'라고 비아냥대곤 한다. 사고 뒤에는 여자가 있다는 것이다. 아마도 이 표현도 나는 남자들이 근본적으로 책임 회피를 위한 자구책으로 만든 단어라고 생각한다.

사실 나는 여자가 남자를 완전히 굴복시킬 수 있는 공간은 침대밖에 없다는 생각에 한동안 동의한 적이 있다. 특히 나이가 어렸을 때 이런 생각의 골은 매우 깊었음을 고백한다. 사람들에게 뭇매를 맞겠지만 어렸을 때 한동안은 나의 이 생각에는 변함이 없었다. 아마 베갯머리송사라는 단어도 이 관점에서 나는 이해하고 있었다. 여자가 남자를 좌지우지하고 조절할 수 있는 공간은 침실밖에 없다고 극단적으로 생각하기까지 했다.

지금 생각하면 참으로 어리석은 생각이었지만 그땐 그랬다. 어린 나이에 '청소년 입장불가' 영화를 몰래 들어가 보면 대부분 그랬다. 특히 우리나라의 야한 영화는 대부분 구성이 유사했다.

권력형 비리들이 밝혀질 때를 보면 정말 이해할 수 없는 상황이 많다. 어떻게 저 자리까지 올라간 사람이 저런 판단을 했을까 안타깝기도 하다. 이런 경우 사건의 내막을 들여다보면 우리가 이해하기 힘든 '여자 문제'도 한몫했다. 회사 상관을 공략하기 위해 그의 부인의 취향을 파악해 선물하는 경우도 많고, 부인을 움직일 수 있는 사람을 찾아 로비하는 경우도 종종 볼 수 있다. 아마도 이런 경우는 현재진행형으로 일어나고 있을 것이다.

육감적인 몸을 이용하여 목표를 달성하는 여자와 달리
남자들은 원하는 여자를 얻기 위해 권력과 금력을 이용해왔다.
속성적으로 보면 여자는 권력을 거머쥐기 위해 섹스를 이용하고,
남자는 섹시한 여자를 자기 것으로 만들기 위해 권력을 이용한다.

사실 얼마나 많은 일들이 침실의 은밀한 대화 속에서 나오겠는가? 왜 많은 나라들은 첩보전에 미인계를 지금도 여전히 쓰고 있는가? 남자를 굴복시키는 것은 강대강이 아니라 가장 부드러운 여자임을 알 수 있는 대목이다. 007 시리즈 같은 첩보영화도 남자 주인공의 성공에는 여자의 역할이 큰 영향을 미침을 보여 준다. 결정적 정보를 가지고 오는 것도 여자요, 적국의 최고급 정보도 배반하는 부하가 아니라 황홀한 밤 생활에서 여자가 알아낸다.

젊은 나이의 남자들끼리 나누는 대화에서 쇼킹한 것 중 하나가 남자들은 여자와 섹스한 것을 '먹었다'라고 표현하기를 주저하지 않는다는 것이다. 이런 생각의 기본적 정서에는 남성 우월주의가 깔려 있음을 알 수 있다. 누가 누구를 먹었다는 것인가? 정말 한심한 표현이라고 생각하는데 남자들은 흔히들 이런 표현을 거침없이 사용한다.

'먹었다'라는 단어는 식사를 뜻하기 때문에 남자들이 성관계를 그 단어로 표현한다는 것은 크게 의미를 두지 않고 마치 한 끼 식사하듯 섹스를 생각한다는 것을 보여 주는 것일 수 있다. 단순히 남자들의 배설 욕구를 해소하는 놀이 정도로 생각하는지도 모른다. 언어가 그냥 만들어지는 것이 아니라 사람의 생각과 가치관을 반영한 것이라는 측면에서 본다면 우리나라 젊은이들의 성 인식은 후진성을 면치 못하고 있음을 알 수 있다. 청소년들이 몰래 돌려보는 이른바 '빨간책'은 더욱 그런 생각의 틀을 벗어나지 못하고 있음을 보여 준다.

섹스를 표현할 때 대부분의 서적에는 '삽입'이라고 표현한다. 어른이 되어 이 단어를 보니 왠지 너무 남성 우월주의식 표현 같았다. '삽입'이라는 단어가 사용되는 것은 성생활의 주체가 남자였음을 증명하는 것이라고 생각한다. 나만의 궤변일지도 모르겠다. 그러나 여자 입장에서 보면 신체 구조상 '삽입'이 아니라 '흡입'이 더 맞을 것이다. 우리는 아무 생각 없이 남성 중심의 언어를 가장 비밀스럽고 평등해야 할 상황에서도 늘 사용해왔던 것이다.

인류 역사를 보면 권력은 대부분 남자들이 차지했다. 권력을 가진 사람 입장에서 가치관이 정립되고 움직였을 것이다. 당연히 사용되는 언어도 그런 관계에서 형성되고 통용되었으리라. 그 관습이 지금까지 아무 반성 없이 유지되고 있다. 권력에서 나오고 통용되는 언어는 우리의 생각을 지배하고 행동을 통제하는 것이다.

프레디 머큐리

영화 〈보헤미안 랩소디〉를 두 번이나 관람했다. 2018년 상영된 영화 중 두 번 본 영화는 이 영화가 유일하다. 아니 아마도 내 기억에 감동해서 두 번 본 영화는 이 영화가 처음인 것 같다. 무엇이 이 영화를 두 번이나 보게 했는지 정확한 이유는 모르겠다. 내 젊은 날의 회상일 수도 있고 '퀸' 팬으로서 최소한의 예의인지도 모르겠다. 중요한 것은 이 영화를 두 번이나 봤다는 사실이다.

두 번을 관람했지만 매순간 감동적이었고 가슴이 뛰었다. 남들은 그냥 지나치는 장면에서도 나는 의미를 부여했고, 오열하기도 했다. 중·고등학교 시절 좋아했던 그룹이기도 하지만 무엇보다 영화 등장인물의 싱크로율이 매우 높기 때문이다.

특히 프레디 머큐리Freddie Mercury 역을 맡은 라미 말렉Rami Malek 은 인터뷰에서 연기를 위해 1985년 '라이브 에이드' 영상을 무려

1,500번 이상 보면서 연습했다고 한다. 영화를 보면 마치 프레디 머큐리가 살아서 연기하는 듯하다. 한 번도 눈여겨보지 않았던 배우 라미 말렉의 팬이 되고 말았다. 배우 입장에서도 세계적 스타 반열에 오르는 기회가 되었을 것이다.

우리나라 사람들이 이 영화를 그토록 많이 본 이유가 무엇일까? 우선 어렸을 때부터 배운 '초년고생은 사서도 한다'라든지, '고생 끝에 낙이 온다' 등과 같은 우리 정서에 부합하는 스토리 구성에서 찾을 수 있다. 또 한 가지는 구매력이 있는 40, 50대 층의 향수 마케팅에 불을 지펴서 큰 불이 된 모양새다.

프레디 머큐리의 부모와 출생지 등이 이미 드라마 요소를 갖추었다. 공항에서 허드렛일을 하던 그가 세계적 스타가 되는 성공 스토리는 더욱 구미를 당긴다. 우리나라 중년세대에게는 부모로부터 들어온 최빈국에서 '한강의 기적'을 만든 성공 스토리와 퀸의 성공 스토리가 묘하게 오버랩되어 공감의 정도를 증폭시킨 것 같다.

아마도 우리나라 중년 관객들은 프레디 머큐리를 보면서 보상심리 같은 것을 체험했으리라 짐작된다. 저 깊은 정서의 심연 속에서 프레디 머큐리와 우리나라 중년은 뜨거운 감정의 교류를 나누었을 것이다. 나도 이 영화를 보면서 그런 공감을 했기에 난데없이 두 번이나 극장을 찾은 것은 아닐까?

나는 이 영화를 관람하면서

프레디 머큐리의 삶과 내 삶을 교차 편집해 보았다.

우리의 삶이 영화처럼 드라마틱하지는 않지만,

스스로 생각해 보면 어느 누구 하나

그냥 존재하는 삶은 없을 것이다.

나는 이 영화를 관람하면서 프레디 머큐리의 삶과 내 삶을 교차 편집해 보았다. 그가 음악을 위해 모든 것을 걸고 성공한 스토리와, 시인으로 등단하려다 실패하고 카피라이터로 입문하여 유공 광고인으로 정부 표창까지 받은 나의 이야기를 돌아본 것이다. 그 많은 광고인들 중에 정부 표창을 받는 영광을 누렸으니 실패한 광고인은 아닌 것 같아 위로가 된다. '카피라이터 김원규'라는 이름 석 자로 우리 광고계에 작은 징검다리 하나는 놓았다는 자부심도 있다. 60대 중반 나이에도 현역으로 일하는 영광도 누리고 있으니 흔치 않은 행복이라고 생각한다. 더욱이 수많은 수상을 했으니 어쩌면 그의 영예의 반에 반은 따라가지 않을까 하는 자부심도 있다.

또 한 가지, 젊은 시절 '금사빠' 성향도 비슷했다. 금방 사랑에 빠지는 경향이 있었던 나는 모임이나 조직에 나가면 사랑의 대상이 눈에 섬광을 띠며 나타나곤 했다. 물론 가슴만 콩닥콩닥하는 경우가 대부분이지만 실제로 만나는 경우도 종종 있었다. 금사빠 경향은 쉽게 고쳐지지 않았다. 이런 나를 보고 누나는 "네가 엄마 젖을 먹지 못하고 동냥젖을 먹어 애정결핍인가 보다"라고 했다.

어머니는 나를 낳을 때 산통을 24시간 넘게 겪어 당신의 생명을 구하려면 아이를 포기해야 한다는 말을 들었다. 그러나 끝까지 나를 포기하지 않고 낳으셨고 그 후유증으로 병원에 장기간 입원하는 고통을 겪으셨다. 그래서 나는 가까운 친척 중 젖을 먹이는 산모에게 동냥젖을 얻어먹으며 자랐다. 그런데 한 사람에게만 젖을 얻어먹을 수 없어 이 사람, 저 사람에게 동냥젖을 먹게 되어 애정결핍으로 '금사빠'가 되었다고 누나는 진단했다.

어머니의 초유初乳를 먹지 못해서인지 어린 시절 나는 병치레를 많이 했고, 어머니는 그런 나에게 항상 미안해 하셨다. 그리고 '원기소'라는 당시 어린이 영양제를 중학생이 될 때까지 먹이셨다. 이 약은 보통 대여섯 살이면 끊는 어린아이 전용 영양제이다. 나는 엄마가 챙겨 주시는 것을 뿌리칠 수 없어 집에서는 그냥 먹었지만 밖에 나가서는 친구들 몰래 먹거나 여의치 않으면 버렸다. 나중에 어른이 되어 어머니에게 물어보니 젖을 먹이지 못한 것이 미안해서 그렇게 했다고 말씀하셔서 코끝이 찡하기도 했다.

영화를 보면서 나는 시인으로 성장하려고 노력했던 어린 시절과 사랑하는 사람과 아름다운 추억을 만들었던 젊은 시절을 돌아보는 시간을 가졌다. 지나온 시간은 모두 아름다운 법이다. 그 시절이 힘들었다고 해도 그 시기를 잘 극복했기에 오늘이 있는 것 아닌가? 우리의 삶이 영화처럼 드라마틱하지는 않지만,

스스로 생각해 보면 어느 누구 하나 그냥 존재하는 삶은 없을 것이다. 우리와 같은 일반 사람들을 주인공으로 전기 영화를 만들어도 얼마든지 감동적일 수 있다고 생각한다.

최근 우리 사회의 문제 중 하나가 높은 자살률이다. 자기 삶에 애정을 갖고 목표를 향해 끝까지 노력하겠다는 자기 확신이 필요하다. 이 세상에는 금수저 아닌 사람이 많다. 금수저는 아니지만 내가 원하는 삶을 향해 치열하게 달리다 보면 어느 순간 산 중턱까지 와 있음을 깨달을 것이다. 그런 치열함 없이 어떻게 성공의 달콤한 열매를 수확할 수 있겠는가?

나는 삼수 끝에 대학에 진학했다. 일류대도 아니요 뜻이 있어 아랍어문학과에 진학한 것도 아니다. 그러나 내가 하고 싶은 문학에 올인하면서 암흑 같은 나의 인생에 불이 하나씩 켜지기 시작했다. LG에서 대리 진급할 때 이미 삼수한 것을 만회했다. 인생을 42. 195km의 장기 레이스로 보면, 젊은 시절 약간의 방황과 좌절은 오히려 약이 될 수 있다. 뭐가 흠이 되겠는가? 한 번뿐인 내 인생에 그린 라이트는 누가 켜 주는 것이 아니라 내가 스스로 켜는 것이다. 운전대를 내가 잡았을 때 내가 가고 싶은 곳으로 갈 수 있다.

프레디 머큐리는 누구 안에나 존재하는 것이다.

3

/

일하는 기계가
되지 말아라

/

자기가 좋아하는 일을 하는 사람과

어쩔 수 없이 일을 하는 사람은

많은 차이가 있다.

21년간 직장생활하면서

단 한 번의 지각도 하지 않았다.

기계 같다고 할지 모르지만

나는 내 일이 즐거웠고

아침에 회사 가는 길이 신났다.

9 TO 6

내가 처음 회사에 입사한 해는 1984년이다. 두유를 생산하는 식품회사 공채 10기로 입사했다. 선배들이 우리 신입사원들에게 들려준 이야기 중에 아직도 뇌리에 강력하게 남아 있는 말은 "9 TO 6로는 성공할 수 없다"이다. 남들처럼 9시에 출근해 6시에 땡 하고 퇴근하면 성공할 수 없다는 조언이었다. 누구보다 일찍 출근하고 누구보다 늦게까지 일해야 성공할 수 있다고 했다.

회사 내에 전설 같은 이야기도 많았다.

"김 부장은 매일 7시에 출근한대."

"송 이사는 지금까지 빨간 날 단 하루도 쉬지 않았대."

"박 전무는 어떻고…. 그 인간은 자기 휘하 팀원들 여름휴가 반납하라고 난리야."

각 팀에 배속된 동기들이 저녁에 생맥줏집에서 만나면 모두 전설 같은 이야기들뿐이었다. 만약 지금 이렇게 일하라면 모두

도망가거나 아마도 노동부에 고발할지도 모른다.

하지만 내가 신입사원 시절에 회사 분위기는 이랬다. '라떼'는 이게 당연한 일이요 불평불만은 있을 수 없는 일이었다. 회사에서 주요 부서, 즉 이른바 잘나가는 상사들은 저마다 우리가 상상할 수 없는 전설 같은 성공사례를 가지고 있었다. 요즘 사람들은 일하는 기계 같은 존재에 불과하다고 여기겠지만 그때 그 시절 분위기는 그랬다. 지금 말하는 '워라밸'은 꿈같은 이야기였다.

이런 웃지 못할 일도 있었다. 집안 형님의 소개로 맞선을 볼 기회가 있었다. 그때는 토요일에도 근무할 때라 내 계산으로 오후 3시면 충분히 끝날 것 같아서 우리 회사와 가까운 롯데호텔을 약속장소로 잡았다. 광고대행사 회의실은 사무실 공간에서 떨어져 있기 때문에 회의에 들어가면 일단 통화가 불가능했다. 지금처럼 휴대폰이 있던 시절이 아니었다. 나는 회의 들어갈 때만 해도 2시 반쯤 끝내고 운전하고 가면 되겠다고 생각했다.

그러나 열띤 회의가 7시까지 계속되었고 나는 그 약속을 까맣게 잊어버렸다. 회의가 끝나고 식사하러 갈 때야 생각이 났다.

'아뿔사!'

나는 바로 지하주차장으로 내려가 차를 몰고 약속 장소에 갔지만 아무도 없었다. 형님 댁으로 전화하니 형님은 "야! 왜 전화했어? 끊어!"라고 역정을 내셨다.

나뿐만 아니라 정말 당시에는 대기업, 중소기업 할 것 없이 모두 영혼이 탈탈 털릴 정도로 일했던 것 같다. 아마 전 국민이 그렇게 치열하게 살아왔기에 현재 대한민국의 위상이 높아졌다고 생각한다. 불과 50년 전에 세계 최빈국에서 당당히 세계에 도움을 주는 나라로 성장한 것은 우리 부모 세대부터 지금의 대한민국 국민 모두가 오늘을 즐기기보다 내일을 위해 일하고 저축하는 습관이 몸에 밴 결과라고 생각한다.

직장인에게 혹독했던 IMF 시절, 팀장 회의에서 회사를 긴축 운영해야 하므로, 팀마다 정리해고 할 인원을 고민하라고 했다. 그리고 인사팀에서 구체적 가이드라인이 나왔다. 인원감축 효과를 극대화하려면 직급이 낮은 직원보다 급여부담이 높은 고참 사원들을 우선 고려하라는 것이었다. 어제까지 '형' '아우' 하던 후배들에게 그만두라는 말이 차마 입에서 떨어지지 않았다. 회사를 위해 10년 이상 고생한 후배들에게 나가 달라고 말하는 것은 차라리 내가 나가는 것보다 더 고통스러운 일이었다.

나는 회사에 16년간 다니고 이제 독립했지만 선후배들을 자주 만난다. 하지만 아직도 만나지 못하는 사람들은 그때 잔혹하게 인연의 끈을 끊은 후배들이다. 지금도 만나면 미안할 것 같아서, 무엇보다 그들을 똑바로 쳐다볼 수 없을 만큼 미안해서다.

생각을 되돌려 보면, 그때 정리된 후배들 중에 오히려 더 잘된 경우도 많다. 광고대행사가 한창 인기 직업군으로 부상할 때 성적으로만 들어온 친구들은 적응하기가 만만치 않았을 것이다. 일반 직장에 들어갔으면 성실하게 일할 수 있는 사람들이었다.

그러나 매일 무無에서 유有를 창조해야 하는 광고대행사에 입사해 적응하고 실적을 내고 자기 만족하는 기회를 잡기란 쉽지 않다. 우리나라 일류대학을 졸업했는데도 광고대행사 업무에 잘 적응하지 못하는 사람들도 있었다. 선배의 가르침대로 일하는 회사가 아니라 매일 매순간 아이디어를 내야 하고 새로운 트렌드로 전략을 만들어내야 했기 때문이다.

나는 신춘문예 낙선자이지만 다행히 시를 썼던 힘으로 카피라이터 업무가 적성에 맞았다. 회사에서 보내 준 일본 선진대행사 연수도 갔었고, 간부가 되어 6개월간 뉴욕 연수를 받는 행운도 얻었다. 사실 나에게 회사는 놀이터와 비슷한 개념이었다. 일한다는 의식보다 내가 좋아하는 것을 즐긴다는 생각이 더 앞섰다.

되돌아보면 따르는 후배들도 많았고, 생각이 막힐 때 찾아가는 선배들도 많았다. 서로 이야기를 나누다 보면 묘하게 뭔가 돌파구를 찾곤 했다. 점심을 같이하고 사무실에서 커피 한잔하면서 고민을 이야기하다가 서로의 경험과 노하우에서 문제 해결의 팁을 찾곤 했다. 단순한 잡담이 아니라 이런저런 이야기 끝에 뭔가를 발견하는 생산적인 대화가 많이 이루어졌다.

그때 그 시절 생각이 많이 난다.

아이디어가 막히면 옆 팀의 동료나

선배를 찾아가 차 한잔 마시고 이야기하다가

좋은 아이디어가 나올 때도 많았다.

친한 동료 선후배 간 대화와 만남은 자연스러웠고,

서로 노하우를 하나라도 더 알려 주려는 미덕이 있었다.

독립 후 가장 아쉬운 것은 그런 선후배들과 자주 만나지 못하고 혼자 낑낑대는 것이다. 지금은 광고대행사를 15년간 운영하고 있지만, 그때 그 시절 생각이 많이 난다. 아이디어가 막히면 옆 팀의 동료나 선배를 찾아가 차 한잔 마시고 이야기하다가 좋은 아이디어가 나올 때도 많았다. 친한 동료 선후배 간 대화와 만남은 자연스러웠고, 서로 노하우를 하나라도 더 알려 주려는 미덕이 있었다. 그러나 연봉제가 되고 경쟁이 치열해지면서 이런 좋은 전통과 경험들이 사라져 가는 것 같아 아쉽다.

어느 쪽이 더 전문가로서 좋은 방향인지는 솔직히 잘 모르겠다. 나이가 들어서 무조건 옛날 방식에 손을 들어 주고 싶은 생각은 전혀 없다. 그러나 친정인 대행사 후배들의 이야기를 들어 보면 서로 가르쳐 주고 정보를 교환하던 시절의 회사 분위기는 모두 과거의 유품이 되어 버렸다고 한다.

예전에는 좋은 외국광고들을 번역하여 돌려보면서 공부한 적도 있고, 답답하면 그 분야의 선배들을 찾아가 자문을 구하기도 했다. 심지어 경쟁 광고대행사의 선후배들과도 교류하며 훈훈한 관계를 유지했다. 서로 경쟁관계에 있는 회사에 다녔지만 서울 카피라이터스 클럽scc이라는 단체도 만들어 서울에서 활동하는 카피라이터들끼리 정보를 공유하면서 한국 광고발전을 위해 고민하고 연구하던 기억도 새롭다.

재방송은 없다!
인생은!

나는 프로야구를 참 좋아한다. 20년 넘게 LG에서 근무한 인연으로 LG 팬이다. 친구 중에 광팬이 있어 1년에 한두 번 직관하는 경우도 있지만 대부분 저녁에 TV를 통해 하이라이트를 보며 박수를 치거나 안타까워한다. 주말에 약속이 없으면 중계방송을 본다. 중계방송을 볼 때 라이브로 하는 것은 'LIVE' 자막이 좌상단이나 우상단에 표기되어 있다.

어느 날 중계방송을 보다 문득 이런 깨우침이 뇌리를 스쳤다. '우리 삶도 라이브이고 재방송은 없다!'

생방송이라서 잘못한 것도 있고 잘한 것도 있다. 다만 다시 어떻게 해볼 수 없다. 중계방송에서는 하이라이트 부분을 다시 보여 주는 방법으로 흥미를 자극하는데 우리 삶은 그렇게 되지 않는다. 오직 'LIVE'만이 있는 것이다! 인생은!

인생은 365일 생방송이다. 그래서 매순간 후회 없이 살기 위해 노력해야 한다. 그 하나하나의 노력이 모여 사람의 인생이 완성된다. 한 번뿐인 삶을 아름답게 살기 위해 어떤 사람은 돈을 벌고, 어떤 사람은 가까운 사람들과 모임을 만들고, 어떤 사람은 목표를 달성하기 위해 앞을 보고 뚜벅뚜벅 걷는다. 때론 힘들고 유혹도 있을 수 있지만 목표가 견고할수록, 꿈이 클수록 미풍에 흔들리지 않고 앞으로 앞으로 전진할 수 있다.

사실 나는 시인을 꿈꾸었다. 초·중·고교시절에는 상도 많이 받았다. 고교시절에는 문예반 선생님이 신춘문예에 당선될 재목이라고 늘 격려해 주시고 예뻐해 주셨다. 그때는 당선된 듯한 착각이 들 정도로 주위의 신망을 많이 받았다.

그러나 당시 등단의 유일한 방법인 신춘문예에 번번이 낙방하면서 초초해지기 시작했다. 고등학교 1학년 때부터 시작하여 군대 3년, 대학 4학년까지 8번쯤 시도했으나 결과가 좋지 않았다. 대학 졸업반까지 신춘문예에 실패하자 글로 먹고 사는 직업이 뭐가 있을까 하고 기웃거리기 시작했다. 그때 찾은 놀라운 직업이 '카피라이터'였다.

당시에는 카피라이터가 매우 특이한 직업이었다. 나는 글로 먹고사는 문제를 해결하려고 그 방면으로 찾다 보니 그 직업이 크게 다가왔다. 그때만 해도 카피라이터에 응시할 수 있는 학과가 정해져 있었다. 국문과, 영문과, 문창과, 경영학과 및 사회

계열학과로 한정해서 뽑아 나는 응시조차 할 수 없었다.

그러던 어느 날, 베지밀을 판매하는 정식품에서 카피라이터를 뽑았다. 1차 서류가 자기소개서와 이력서, 성적증명서였는데, 마찬가지로 아랍어과는 응시 대상자가 아니었다. 하지만 계속 포기하다가는 영영 기회가 없을 것 같아 나는 용기를 내어 서류를 보냈다.

물론 해당학과는 아니었지만 자기소개서를 아주 잘 쓰면 혹시 기회라도 주지 않을까 하는 일말의 기대감으로 서류를 접수했다. 그리고 집에서 전화 오기만을 학수고대하는데 드디어 필기시험을 보라는 연락이 왔다. 1차 서류전형과 2차 필기시험 그리고 이어진 3차 인성면접까지 통과되어 정식품 공채 10기에 합격했다.

입사 후 신입사원 교육을 받던 때였다. 하루는 인사팀 담당자가 오너 부사장에게 "이 친구가 제가 재미 삼아 뽑았는데 합격한 친구입니다"라고 나를 소개하는 것 아닌가? 그의 말에 따르면 나는 해당학과가 아닌데 자기소개서를 너무 특이하게 써서 카피라이터는 이런 친구를 뽑아야 한다는 판단에 '재미 삼아' 서류전형을 합격시키고 필기시험을 보게 했는데 운 좋게 합격했다는 것이다. 그 후 동기들 사이에서 나는 '재미 삼아 뽑은 놈'으로 불렸다.

인생은 365일 생방송이다.

그래서 매순간 후회 없이 살기 위해 노력해야 한다.

그 하나하나의 노력이 모여 사람의 인생이 완성된다.

때론 힘들고 유혹도 있을 수 있지만

목표가 견고할수록, 꿈이 클수록

미풍에 흔들리지 않고 앞으로 앞으로

전진할 수 있다.

아무튼 당시에 해당학과가 아니라는 이유로 포기했다면, '카피라이터 김원규'는 없었을 것이다. 매순간 최선을 다하고 준비하는 사람에게 세상은 열려 있음을 나는 깨달았다. 나는 직장생활을 21년간 하면서 최선을 다하지 않은 날이 하루도 없었다. 21년 직장생활 중 결근은 어머니 돌아가셨을 때 1주일이 전부고, 지각은 단 하루도 없었다. 21년 직장생활하면서 단 한 번도 지각하지 않았다고 하면 믿지 않겠지만 실제로 나는 그렇게 생활했다. 그 결과 회사가 나를 인정해 주었고 많은 특전을 주었다.

최선을 다하지 않고 핑곗거리를 찾는 사람에겐 절대 큰 기회는 오지 않는다. 나는 변죽이 좋아서 상사에게 아부하는 사람이 아니었다. 일 중심으로 생각했고 일에 집중했다. 안 되는 이유보다 늘 할 수 있는 방법을 찾았다. 그래서 어려운 광고주는 언제나 나의 몫이었다. 그 결과 큰 공적을 남기기도 했다. 2004년 광고인의 날에는 문광부 장관 표창을 받았고, 그해 직장생활을 마감하고 내 비즈니스를 시작할 수도 있었다.

창업을 하고 처음엔 LG애드에서 인연을 맺은 광고주 일이 많았지만, 차차 내가 스스로 개발한 광고주들이 늘기 시작했다. '술과 접대로 광고주 개발을 하지 않는다'라는 나의 초심은 지금도 유지하고 있다. 그래도 늘 성실히 일하고 해결방안을 찾는 나의 업무 스타일에 박수를 보내 주는 광고주들이 아직도 존재하고, 어려운 일일수록 우리 회사를 찾는 광고주들이 늘고 있음에 감사한다.

나를 여기까지 이끈 것은 바로 'LIVE' 정신이다. '지금 이 순간 여기서 가장 독특한 방법으로 문제해결을 하자'는 나의 광고 철학이 우리 회사를 키워가고 있다.

'광고주의 일은 어느 것 하나 작지 않다'라는 것이 또한 나의 신조다. 광고주가 작은 일이라고 한다면 결국 돈이 안 된다는 이야기인데, 광고 실무자가 윗사람에게 보고할 때 무게는 똑같을 것이다.

그래서 광고주가 작다고 말하며 맡기는 일일수록 더욱 신경 쓰고 최선을 다한다. 이렇게 일하면 언제나 큰 보상이 따라왔다. 보상을 바라고 한 일은 아니지만 눈앞에 이익만 따라가지 않고 문제해결을 하는 우리 회사가 광고주들의 마음을 움직인 결과라고 본다.

결코 작은 광고주는 없다. 작은 광고인이 있을 뿐이다.

101명의 억만장자

나는 초등학교 때부터 시를 썼다. 교내 대회는 물론 군郡 대회 등에서도 우수한 성적을 거둘 때가 많았다. 지금도 그때 받은 상장 등을 보면 흐뭇하기만 하다. 결국 시를 쓰던 어린아이가 자라 카피라이터가 된 것이다. 그런 나에게도 위기가 있었다.

우리 나이의 사람들은 알겠지만 당시는 고등학교 2학년 진급할 때 문과와 이과를 나누었다. 이때 아버지와 큰형은 못사는 나라는 결국 이과가 발전 가능성이 높고 취업기회도 많다면서 한사코 이과로 가라고 권했다. 수학과 물리, 화학은 보는 순간 하품이요, 국어시간만큼은 선생님께 극찬을 받았는데, 나의 적성과는 무관하게 반강제로 이과를 선택하여 2학년에 올라갔다.

불길한 예감은 틀린 적이 없듯이 이과 수업은 수업이 아니라 고통 그 자체였다. 특히 수학 2와 물리, 화학은 상상을 초월할 만큼 괴로움의 연속이었다. 할 수 없이 2학년을 통으로 날렸다.

그때 유일한 위로는 학교 도서관의 많은 소설과 시집을 읽는 것이었다. 아마도 고 2 방황하던 시기에 읽은 책은, 나중에 고대 국문과에 진학한 선배 말에 따르면, 웬만한 국문과 전공자가 읽은 분량보다 더 많았을 것이다.

고 2 때 1년을 통으로 날린 나는 담임선생님과 면담하고 문과로 옮겨 공부하기로 했다. 이때부터 나는 공부의 방향을 잡고 시작했으나 1년의 공백을 따라잡기에는 터무니없이 부족했다. 고 2 이과의 지옥에서 벗어나자 본격적으로 신춘문예 도전을 시작했다. 고 1 때는 혼자 쓰다가, 곧 1년 선배인 형은 소설에 도전하고 나는 시를 쓰기 시작했다.

우리의 글을 지도해 주신 국어선생님께서는 "너희 둘은 당선 가능성이 있다"라고 칭찬하시며 격려해 주셨다. 그때 그 한 마디가 카피라이터가 되는 데 결정적 계기가 되었다고 해도 과언이 아니다. 신춘문예에 당선될 것이라는 칭찬의 말씀이 이과에서 시달렸던 마음에 위안을 주었다.

'나는 시인이다!'

어린 나이에 이 자부심은 방황 속에서도 나를 잡아준 최고의 위안이었다. 내 눈에는 시 외에는 보이는 게 없었고 관심도 없었다. 나는 시를 쓰고 또 썼다. 학교 성적이 나오지 않아도 신춘문예에 당선되어 시인으로 문단에 데뷔하는 꿈으로 버틸 수 있었다. 시 말고는 학과 공부도 인간관계도 모두 하찮게 보였다.

고 1 때부터 신춘문예에 도전해서 8번을 도전했지만 당선의 영광은 누리지 못했다. 함께했던 1년 선배는 당선의 영광은 누리지 못했지만 최종심에 올라가 심사위원들이 언급하는 단계까지 갔다.

나는 가끔 이런 상상을 해본다. 내가 그대로 이과를 전공했으면 지금 나는 무엇을 하고 있을까? 고 2에서 고 3으로 올라갈 때 이과에서 문과로 옮기지 않았다면 나는 과연 어떤 삶을 살고 있을지 상상해 볼 때가 있다.

비록 신춘문예에 당선되는 기쁨은 얻지 못했지만 카피라이터라는 직업을 갖게 되었고, 내 사유체계를 크리에이티브한 방향으로 전환한 것은 분명 우리나라 교육체계인 이과에서 문과로 바꾼 결과라고 나는 생각한다.

물론 내가 원래 문과적 사유체계를 가진 학생이었는데 취업이 잘된다는 부모님의 설득으로 이과로 옮긴 것이 가장 큰 문제였지만 …. 나와 반대 경우의 수도 많을 것이다. 사람은 저마다 잘하는 분야가 있다고 본다. 부모가 무리하게 아이들 적성을 무시하고 전공을 선택하도록 하는 것은 아이에게 엄청난 스트레스를 주는 행위임을 나는 경험을 통해 깨달았다.

언젠가 TV에서 인문학 강의하는 분이 우리나라에서는 부모들이 성적이 좋은 이과생 자녀에게 그들의 적성과 관계없이 의대를 권하는 것이 문제라고 했다. 공부 머리가 좋은 아이니까 의대를 가서도 공부를 잘하고 긴 과정을 거쳐 의사가 되는데 이때부터 문제가 생기는 경우가 많다는 것이다.

의사라는 직업은 그야말로 '이름도 모르고 성도 모르는' 수많은 사람들과 매일 만나 어디가 아픈지 진료하고 처방해야 한다. 그런데 만약 성격이 내성적인 사람이라면 매일 모르는 사람들을 만나 진료하고 처방하는 것이 쉬운 일이 아니라는 것이다.

실제로 내가 잘 아는 성형외과 원장이 이런 케이스이다. 부모의 권유로 의대에 들어가 인기과인 성형외과를 전공해서 의사가 된 그는 압구정동에 개업해 많은 돈을 벌었지만 자기 일이 죽기보다 싫다고 하소연한 적이 있다.

그가 하고 싶은 일은 그림 그리는 것이었다. 실제로 처음에는 미대에 진학했다. 그러나 집안의 반대로 다시 재수하여 의대로 들어가 성형외과 원장이 되었지만 본인은 행복하지 않았다. 돈을 잘 버니 가정은 넉넉했지만 시간이 갈수록 그는 피폐해져 갔다. 결국 이런 스트레스를 일차적으로 술로 풀었고, 주변의 유혹에 견디지 못하여 가정생활도 순탄하지 못했다.

그가 나와 가끔 식사할 때 "형, 내가 그때 그냥 미대를 다녔으면 어땠을까?"라며 자조 섞인 웃음을 짓곤 한다. 물론 인생에서 가정법은 의미가 없다. 그는 그렇게 자신의 직업에 만족하지도 즐기지도 못하고 괴로워하면서 살아가고 있다.

어떤 삶이 옳은지는 아무도 모른다. 그가 미대를 나와 그 전공으로 삶을 살아갈 때 어떻게 되었을지 아무도 모른다. 그러나 자기가 좋아하고 하고 싶은 일을 할 때 즐겁고 보람도 크고 성과도 높을 것이다.

나는 딸과 아들이 하나씩 있는데 그들에게 전공에 관해 절대 강요하거나 주장하지 않는다. 그들은 자신이 좋아하는 인생을 살 수 있는 권리가 있기 때문이다.

딸아이는 미술학원에 한 번도 보내지 않았는데 그림을 잘 그렸다. 어렸을 때부터 빈 종이만 있으면 그림을 그리고 만화처럼 글을 썼다. 주변에서는 미술학원에 보내라고 성화였지만 나는 보내지 않았다. 그 당시 학원들은 대부분 손으로 그리는 기술자를 만들었지 머리로 그리는 방법을 가르치지 않았다. 내가 보기에 잘 그리고 못 그리는 기준이 보고 베끼는 수준이었다.

나는 그 길을 과감히 포기하도록 하고 본인의 그림에 스토리를 만들며 혼자 그리는 연습을 시켰다. 그렇게 자란 딸아이는 캐나다 토론토의 좋은 미대를 우수한 성적으로 졸업하고 관련된 일을 하고 있다.

미국의 한 연구소에서 아이비리그 대학 졸업생

1,500명을 대상으로 '직업과 성공의 관계'를

20여 년간 지속적으로 연구했는데 놀라운 결과가 나왔다.

1,500명 중 101명이 억만장자가 되었는데 그중 단 한 명만이

수입을 중시한 첫 번째 그룹에 속한 사람이었고,

나머지 100명은 두 번째 그룹, 즉 자기가 좋아하는

직업을 선택한 그룹에서 나온 것이다.

아들은 대학 3학년 때 목사가 되고 싶다는 장문의 이메일을 보내더니 대학 졸업 후 신학대학원에 진학했다. 누가 시켜서 택한 길이 아니라 본인이 가장 즐겁고 행복한 삶을 선택하는 과정에서 결정한 것이라 열심히 공부하고 있다.

얼마 전에 보았던 신문 기사 중에 내 생각과 일치하는 내용이 있어 소개한다. 미국의 한 연구소에서 아이비리그 대학 졸업생 1,500명을 대상으로 '직업과 성공의 관계'를 20여 년간 지속적으로 연구했는데 놀라운 결과가 나왔다. 한 그룹은 직업을 선택할 때 수입에 중점을 두고 직업을 선택했는데 그 비율은 83%에 달했다. 나머지 그룹은 직업을 선택할 때 수입보다는 자기가 좋아하는 일, 즉 자기가 하고 싶은 일을 선택한 부류였는데 이는 17%에 불과했다.

그런데 반전은 20년 후에 나타났다. 20여 년간 끈질기게 추적한 결과 1,500명 중 101명이 억만장자가 되었는데 그중 단 한 명만이 수입을 중시한 첫 번째 그룹에 속한 사람이었고, 나머지 100명은 두 번째 그룹, 즉 자기가 좋아하는 직업을 선택한 그룹에서 나온 것이다. 성공과 실패가 수입의 많고 적음에서 비롯된 것이 아니라 좋아하느냐 마느냐에 따라 결정되었다는 것이다.

결국 자기가 좋아하는 일을 할 때 성과도 좋고 성공 가능성이 높다는 것이 이 연구에서도 다시 한 번 증명된 것이다.

나는 이런 통계를 볼 때마다 아이들은 부모의 소유물이 아니므로 그들이 원하는 전공과 일을 하게 해야 한다고 주장한다. 내가 대학에서 강의하면서 학생들에게 강조한 것도 바로 이 점이었다.

"너희가 좋아하는 것을 해라."

17년간 대학에 출강하면서 가르친 제자들이 지금도 연락이 오고 함께 늙어가는 인생 친구가 된 것도 이런 가르침 덕분일 것이다. 그때 학생들에게 부모나 다른 선생님들로부터 듣지 못했던 속 시원한 이야기를 해준 것이 그들이 인생을 살아가는 데 조금이나마 도움이 되길 바란다.

2018년
SK 힐만 감독과 Y모 회장

두산베어스의 압도적 승리를 예상했지만 2018년 코리안시리즈의 우승은 SK 와이번스로 돌아갔다. 그러나 승리의 주역인 SK 와이번스 트레이 힐만Trey Hillman 감독은 여타 감독과는 다르게 팀을 계속해 맡지 않기로 했다.

그는 한 인터뷰에서 이렇게 답변했다.

"첫 번째는 하느님, 두 번째는 가족, 세 번째는 야구이다. SK 가족도 소중히 생각하지만, 미국에 있는 가족이 내게는 먼저다."

그는 알츠하이머를 앓고 있는 고령의 어머니와 함께하는 시간이 머나먼 이국땅에서 감독을 하는 시간보다 소중했던 것이다. 아마 일이 먼저이고 가족이 나중인 우리 사회에서 생소한 느낌이 들고 충격까지 받은 사람들도 많았을 것이다. 요즘 '워라밸'이라는 말이 조금씩 나오고 있지만, 이런 커다란 보상을 뒤로하고 가족에게 돌아간다는 결단을 내리는 것은 쉽지 않아 보인다. 그래서 우승한 힐만 감독보다 가족을 위해 미국으로 돌아간 힐만 감독이 더 멋있어 보였는지 모른다.

SK 와이번즈의 힐만 감독은 평소에 선수나 코치들을 대하는 태도가 기존 우리나라 감독들과 너무 달라 어리둥절한 사람들도 있었다고 한다. 성적 제일주의가 아니라 선수 제일주의였던 것이다. 많은 선수들과 코칭스태프들의 증언을 들어 보면 놀라지 않을 수 없다.

그는 선수들을 '업무'가 아닌 '가족'으로 대했다고 한다. 훈련 전이나 게임 전에 눈이 마주치는 선수들에게 요즘 "컨디션이 어떠냐?", "타격감이 어떠냐?"고 묻는 대신에 "가족은 잘 지내냐?", "아이들은 잘 크고 있느냐?"와 같이 '선수'가 아닌 '인간'에 대한 인사를 먼저 했다고 한다. 멋지지 않은가? 성적지상주의에 내몰려 있는 기계가 아니라 선수 이전에 한 가정의 아들딸이요, 형제자매일 테니까 감독이 아니라 인생 선배로 다가간 것이 아닌가 생각된다.

또한 외국에서 우수한 선수들을 발굴하기 위해 장기 출장을 다녀온 스태프들에게는 "스카우트할 만한 선수를 찾았느냐?"고 묻기 전에 "오랫동안 집에서 떨어져 있었는데 가족들은 잘 지내는가?"라고 먼저 물었다고 한다. 그는 구성원 모두를 진정한 '가족'으로 대한 듯하다. 내 가족이 소중하듯 선수의 가족도, 코치의 가족도 소중하기 때문이다.

아마도 힐만 감독의 이런 철학이 와이번즈를 원팀으로 묶을 수 있었고, 그 힘이 또한 우승의 원동력이 되었으리라고 추측한다. 때로는 엄마 같은 따뜻함과 큰형 같은 든든함으로, 때로는 친구 같은 친근함으로 자칫 모래알 같은 조직으로 변하기 쉬운 프로야구팀을 하나로 만들었을 것이다. 리더는 이렇게 위에서 군림하는 사람이 아니라 앞에서 희생하고 따뜻함으로 보듬는 사람일 것이다. 회사든 스포츠 팀이든 성공한 조직의 내부를 들여다보면 이러한 리더십이 작용하여 좋은 결과를 얻었음을 알 수 있다.

반면에 최근 우리 사회에 '갑질 회장'으로 공분을 산 Y모 회장은 혀를 차게 만들었다. 직원을 구타하고 고함지르고 인격적으로 모독하는 언사가 다반사였다고 한다. 결국 잘나가던 그는 직원을 구타한 죄로 고발되어 구속되는 신세가 되었고, 각종 매스컴에서 폭로기사가 줄을 이었다. 엽기적으로 동물을 학대하는 동영상이 공개되었는데 차마 다 볼 수 없을 정도였다. 사실 식용을 목적으로 키우는 동물들도 생명이기 때문에 죽일 때에는 어느 정도의 의식이 있어야 한다고 생각한다.

나는 아무 생각 없이 육식을 하다가 광고대행사 차장 시절에 익산에 있는 '하림' 공장을 견학한 적이 있다. 광고주 직원의 안

내를 받아 이곳저곳을 둘러보았는데 최첨단 시설보다 마음에 남은 장면은 닭을 죽이기 전에 선풍기를 틀어 마지막 시간을 기분 좋게 해주는 것이었다. 닭들이 키워지고 드디어 인간을 위해 도살되기 직전에 그 어디서도 누려 보지 못한 편안함과 시원함을 제공한다는 것이다.

생각 없는 동물을 도살할 때도 어떻게 해야 한다는 기준을 마련해 놓은 것을 보고 나는 이 회사가 앞으로 크게 발전하리라고 예측했다. 그리고 광고를 제작할 때도 더 많은 열정을 쏟아부었다. 지금도 광고 마지막에 나오는 로고송 '하! 하! 하림'은 그때 내가 만든 것이니 벌써 20년 넘었다.

뉴스에 동물학대 사건들이 많이 나오는데 나에게는 일종의 큰 사건이었다. 흔히 동물들을 도살할 때 산 채로 온갖 방법을 동원해 잇속을 채우는 것이 현실이니 그 공장의 기억은 오래갔다. 광고주의 인연이 끊어지고도 닭고기를 먹을 때는 항상 그 브랜드만을 고집하는 이유도 그때 그 경험 때문이다.

개인적으로도 오리엔테이션 당시 김홍국 회장이 "제가 57년 닭띠입니다. 그래서 닭으로 사업하는 것은 운명 같습니다"라고 말하는 부분에서 전율을 느꼈다. 나도 57년 닭띠인데 이번 프로젝트는 반드시 성공시켜 도움을 드려야겠다는 결기가 서기도 했다.

리더는 위에서 군림하는 사람이 아니라

앞에서 희생하고 따뜻함으로 보듬는 사람일 것이다.

회사든 스포츠 팀이든 성공한 조직의 내부를 들여다보면

이러한 리더십이 작용하여 좋은 결과를 얻었음을 알 수 있다.

익산의 작은 공장에서 시작한 하림은 언젠가부터 강남 큰 사옥에 입주하여 나를 반갑게 해주었다. 그 건물 앞을 지나다닐 때마다 마치 광고주를 다시 만나는 기분에 반갑다. 철학이 있는 브랜드는 성공한다는 사실을 다시 한 번 상기시켜 주는 것이다.

힐만 감독이 가슴으로 따르게 하는 리더였다면, 뉴스 속 Y 회장은 힘으로 직장인들의 생존권을 위협해 복종시키는 폭력의 리더였다고 평가할 수 있다. LG를 응원하는 입장에서 힐만 감독을 응원하기는 어렵지만 그가 선수들에게 보여 준 행동은 가히 존경할 만하다. 그가 가족 사랑을 자신의 가족뿐만 아니라 함께 일하는 직장 동료들에게도 그대로 적용하는 것이 존경스럽다. 우리나라에서 감독이라면 모든 것을 쥐고 흔드는 사람으로 인식되는데 그가 선수들에게 보여 준 리더십은 달라 보였다.

세상은 이런 좋은 사람들이 있어 살아 볼 가치가 있고 아름다운 것 같다. 미국에서 활동하는 힐만 감독의 아름다운 동행과 리더십이 꽃피길 응원한다. 이제 상대편이 아니기 때문에 대놓고 응원해도 마음이 편하다!

그때는 틀리고
지금은 맞는 것들

2000년대 초만 해도 우리나라를 비아냥거리는 일들이 많았다. 해외에 광고촬영을 갔을 때 내가 업무지시를 하면 현지 스태프들이 우리말로 "빨리빨리!" 하면서 내 눈치를 보곤 했다.

일을 빨리 한다는 게 나쁘지는 않았지만 그때마다 기분이 그리 좋지는 않았다. 얼마나 많은 한국 사람들이 일하면서 '빨리빨리'를 외쳤으면 이들이 기계적으로 이 말을 할까? 가끔 그런 현지 스태프를 보면 자괴감마저 들었다. 우리의 급한 성격을 비아냥거리는 듯해서 ….

그래서 촬영을 가도 되도록 일을 계획에 맞게 진행하고, '빨리빨리' 하는 인상을 주지 않으려고 나름 노력했던 기억이 있다. 혼자 그렇게 하는 것이 뭐 대수냐 하겠지만 해외에서 일하는 나는 그냥 혼자인 내가 아니라 대한민국을 대표하는 한 사람이라는 생각 때문이었다.

이제는 그때 틀렸던 것이 지금은 맞는 사례가

아주 많아져서 광고하는 사람으로서 기분이 좋다.

'빨리빨리'가 한때는 비아냥거리였지만,

지금은 대한민국 먹거리 IT 산업의 근간을 이루는

우리의 '핵심기술'로 떠올랐다.

그런데 대한민국이 IT 강국이 되면서 대반전이 일어났다. 아마 외국에 나가 인터넷을 사용해 보면 알겠지만 우리나라만큼 빠른 인터넷 서비스를 제공하는 나라는 없다. 이른바 선진국의 호텔에 가도 우리나라만큼 빠른 속도와 서비스는 찾아보기 힘들다. 아니 없다!

우리의 '빨리빨리' 문화가 결국 IT 강국의 기초가 되었다는 생각이 든다. 대한민국 전 국민이 '빨리빨리' 서비스에 대한 니즈가 있는데, 어떻게 서비스가 느릴 수 있겠는가? 나는 우리 국민의 급한 성격이 우리나라의 발전에 어느 정도 기여했다고 평가한다. 뭐가 나쁜가? '빨리빨리'가!

빠른 구현을 할 수 있게 하는 많은 부품의 핵심기술이 반도체에 있다고 한다. 지금 대한민국 반도체 산업은 누구도 따라올 수 없을 만큼 발전했다. 우리의 21세기를 먹여 살리는 으뜸 산업으로 부각된다. 많은 업종의 이익률이 10% 미만인데 반도체는 40%에 가깝다. 우리의 반도체 부품을 제일 많이 수입하는 중국은 시진핑의 강력한 주문인 '반도체 굴기'를 내세워 대한민국 따라잡기에 나서고 있다. 이대로 가다가는 중국 첨단산업이 한국에게 지배받을 수 있다는 위기감에서 나온 조치일 것이다.

배달 문화도 그렇다. 짜장면이든 라면이든 주문하면 대부분 기대한 시간보다 빨리 온다. 이것이 확장되어 배달을 전문으로

하는 회사들이 생기면서 더욱 빠르고 편리한 배달 문화가 정착되고 있다. 아마 전 세계 어디를 가도 이런 빠른 서비스는 없으리라 장담한다.

한 예능 프로그램에서 한강 시민공원에서 짜장면을 주문한 적이 있다. 과연 배달할 수 있을까 하는 의구심에서 말이다. 결과는 기대와 정반대로 주문한 사람이 알려 준 대강의 위치와 옷 특징을 보고 배달을 왔다. 심지어 먹다 보면 단무지가 모자랄 수 있어 추가로 몇 개 더 가져왔다는 멘트까지 날렸다.

이게 대한민국이다! 세계 어느 나라에서도 불가능한 것들을 해내는 민족이 우리 민족이다. 수치심을 느낄 것이 아니라 자부심을 느껴야 한다. 앞으로는!

성형에 대한 부정적인 인식이 많다. '성형 공화국'이라며 비아냥거리는 언론 보도도 있었다. 대부분 부정적 보도와 인식이 만연한 것이 현실이다. 그러나 나는 광고하는 사람으로서 성형에 찬성하는 입장이다. 본인 얼굴에 자신감이 없고, 조금 손대면 예쁘고 개성 있는 얼굴이 되는데 굳이 성형을 반대할 이유는 없다. 아니 주변에 그런 고민하는 여성이 있으면 권장하고 병원까지 소개해 줄 정도다.

지금은 최고 위치에 올라선 배우들 중 신인시절에 화면에 더 예쁘고 개성 있게 나오려면 조금 고쳤으면 좋겠다고 충고해 줘서 성형 후 크게 성공한 경우도 많다. 그래서 특별히 성형에 대한 부정적인 인식이 없다. 물론 습관적으로 얼굴에 공사를 해서 성형 괴물이 되는 경우를 제외하고는 찬성하는 편이다.

성형 열풍으로 자연스럽게 성형외과 의사들의 기술이 발전하고 임상 경험이 풍부해지면서 대한민국은 의료관광의 선두주자가 되었다. 중국, 일본은 물론 동남아의 많은 젊은 여성들이 청담동과 압구정동의 성형외과에서 성형을 하고 있다. 통계에 따르면, 이곳에서 개업한 성형외과가 2천여 개가 넘는다고 한다. 단지 병원만 외화를 버는 게 아니라 수술기간 동안 먹고 자고 쇼핑하는 것까지 포함해 부대수익이 많다는 전언이다.

성형 공화국이라고 비아냥거리기만 할 게 아니라 우리나라의 새로운 외화벌이 산업이 떠오르고 있음에 박수를 보내야 한다. 특히 한류 열풍으로 우리 드라마가 뜨면서 드라마 여주인공처럼 성형하려는 사람들로 성업을 이루는 곳이 많아졌다고 한다.

2019년 9월에 인도네시아와 베트남을 다녀온 적이 있는데 대한민국의 위상이 나 어릴 적 미국을 보는 듯해서 흐뭇했다. 어떻게든 한국과 비즈니스 모델을 만들려는 그들의 노력이 가상해 보였다. 그들에게 대한민국은 기회의 땅이요, 최고의 비즈니스 파트너였다.

또 하나 주목할 것은 세계 패션시장을 장악하고 있는 브랜드들이 테스트 마케팅 대상을 한국으로 정해 실시한다는 것이다. 한국 젊은이들의 높은 패션감각과 안목 때문이라고 한다. 한국에서 테스트 마케팅을 하고 의견을 수렴해서 반영하면 그만큼 실패 확률이 낮아지고 성공 확률이 높아진다는 확신이 든다는 것이다.

이를 증명이라도 하듯 우리나라 주요 백화점이나 동대문, 남대문시장에 나가 보면 중국 젊은이들은 물론 일본 및 동남아 젊은이들이 쇼핑백을 가득 채운 채 쇼핑하는 모습을 어렵지 않게 찾아볼 수 있다. 대한민국이 작지만 큰 나라임을 확인할 수 있는 대목이다.

나는 KOTRA 광고 수주전에서 '대한민국의 경제영토를 넓히는 사람들'이라는 카피를 써서 광고권을 수주한 적이 있다.

몇 년 전 인도 뭄바이를 방문했을 때 현지에서 아는 선배로부터 KOTRA 직원을 소개받았는데 일하는 모습을 보니 정말 대단했다. 같은 민족으로 자부심을 느낄 정도로 열심히 일하는 모습에 감동을 받았다. 그런 경험을 토대로 광고 비딩에서 "KOTRA는 '대한민국의 경제영토를 넓히는 사람들'이 다니는 회사다"라고 카피를 썼다. 이렇게 사명감 있는 회사니까 자부심을 갖고 근무하시라는 마음으로 광고를 만들어 제안했는데, 마지막에 우리 회사가 이긴 경험이 있다.

KOTRA 직원들은 일반 사람들은 잘 모르지만 대한민국의 모든 것을 수출해서 국가 부를 창출하는 그야말로 대한민국의 경제영토를 넓히는 사람들이라고 나는 감히 생각한다.

나는 30여 년간 광고를 만들고 있다. 광고업은 사람의 마음을 움직이는 직업이기 때문에 책도 많이 읽고 경험도 많이 하며 사람을 연구하고 있다. 내가 광고를 시작할 무렵인 1980년대 중반에는 온통 우리 국민의 기질을 험담하고 고쳐야 하는 대상으로 여기곤 했다. 공익 캠페인의 소재들도 그런 곳에서 찾곤 했다.

이제는 그때 틀렸던 것이 지금은 맞는 사례가 아주 많아져서 광고하는 사람으로서 기분이 좋다. '빨리빨리'가 한때는 비아냥거리였지만, 지금은 대한민국 먹거리 IT 산업의 근간을 이루는 우리의 '핵심기술'로 떠올랐다. 세계 어디를 가도 우리만큼 빠른 서비스를 보지 못했으니까!

꾸준함이 결국
비범함을 만든다

남아프리카공화국 프로골퍼 게리 플레이어Gary Player는 언젠가 우승 후 한 인터뷰에서 "연습을 많이 할수록 운이 좋아진다"라고 말했다. 그가 골프의 그랜드슬램인 마스터스, US오픈, 브리티시 오픈, PGA를 이룬 나이는 놀랍게도 29살이었다. 170cm에 68kg, 골프 선수로는 작은 체구이지만, 그는 꾸준한 연습으로 남들이 이룰 수 없는 위대한 업적을 이뤘다. 결국 비범함이란 꾸준함 속에서 이루어지는 것 같다. 일도 삶도 비범함을 이기는 것은 꾸준함인 것이다.

한때 '1만 시간의 법칙'이 회자된 적이 있다. 전문가가 되려면 같은 분야에서 1만 시간 정도의 꾸준함이 있어야 한다는 주장이었다. 비범해서 한두 번은 잘할 수 있을지 몰라도 꾸준히 좋은 성과를 내는 것은 어려운 일이다. 내가 좋아하는 야구에서도 '3할 타자'의 꾸준함이 있는 선수는 결정적일 때 좋은 결과를 보여 준다. 한 번 우연히 잘한 것이 아니라 3할 타자라는 꾸준함이 있기에 기회가 왔을 때 결과를 내는 것이라 생각한다. 그래서 프로야구에서는 3할 타자를 높게 평가하는 것 같다.

내가 가장 좋아하는 첼리스트는 스페인 출신의 파블로 카잘스Pablo Casals다. 우리 시대의 가장 위대한 첼리스트로 평가를 받는 인물이다. 단순히 평단에서 최고라고 해서 좋아하는 게 아니라 그의 전문가로서의 자세를 높게 평가하기 때문이다. 그는 생전에 90대 중반을 넘어서도 매일 6시간 이상씩 연습했다.

한 번은 젊은 기자가 물었다.

"카잘스 씨, 당신은 95세이고 가장 위대한 첼리스트입니다. 그런데 왜 매일 6시간씩 연습합니까?"

카잘스가 단호하게 대답했다.

"내가 계속 나아지고 있다는 생각이 들기 때문입니다."

현장에서 그는 '첼로의 태양' 또는 '첼로의 유일신'이라고 극찬을 받았는데도 연습을 쉬지 않았다. 놀랍지 않은가? 세계에서 첼로의 유일신이라고 추앙받는 그가 90이 넘은 나이에도 하루도 거르지 않고 6시간 이상씩 연습했다는 사실이! 나는 광고인으로서 게으름을 피우고 싶을 때마다 파블로 카잘스를 내 머리에 소환한다.

멀리서 찾을 필요 없이 우리나라에는 박세리 선수가 있다. 1998년 우리나라가 IMF 구제금융을 받게 되자 대부분의 국민들은 성장 일변도에서 위기 상황에 처하였다. '한강의 기적'을 이룬 대한민국이 국가 부도를 당한 것이다. 그때까지 우리 국민들은 한 번도 그런 국가적 재정 위기에 빠진 경험을 한 적이 없었다.

우리는 36년간 일본의 지배를 받았고 동족끼리 전쟁하는 아픔을 겪었지만 세계가 부러워할 만한 경제적 성공을 거두었다고 자부심으로 살았었다. 그런데 어느 날 갑자기 호외신문이 뿌려지고 TV에서 경제 전문가들이 나와 진단했지만 풍전등화風前燈火 같은 나라의 운명에 대해 속 시원한 해답을 얻을 수 없었다. 갑자기 나락으로 떨어지는 경험을 처음 해본 것이다.

이때 우리에게 큰 위안을 준 사람이 바로 박세리 선수였다. 특히 샷을 하기 위해 골프화를 벗고 양말을 벗었을 때 대부분의 사람들은 놀라움을 금치 못했다. 양말을 벗자 다리와는 전혀 다른 하얀 발이 드러났다. 얼마나 연습을 많이 했으면 저렇게 되었을까? 그녀는 당당하게 우승했다. 그리고 아버지를 얼싸안고 울었다. 그 순간 운 사람은 박세리만은 아니었을 것이다. 온 국민이 함께 울었을 것이다. 그리고 박세리는 '대한민국의 딸'이 되었다.

비범함이 꾸준함을 이길 수 없다.

한두 번 행운이 있을 수 있지만 결국 승리는

항상 꾸준히 노력하는 사람들에게 돌아간다.

승자들의 역사를 돌아보면

꾸준함이 비범함을 만들어왔음을 알 수 있다.

그해 그녀는 LPGA 신인왕을 수상했다. 그 후로도 25승 등 LPGA에 공헌한 업적을 인정받아 2007년 명예의 전당에 헌액되었다. 이러한 자리에 오르기까지 그녀는 얼마나 노력했을까? 우리가 상상하는 것 이상으로 노력했음은 두말할 필요가 없을 것이다.

어디 앞에서 말한 3명뿐이겠는가? 위대한 업적을 남긴 사람들의 인생시계를 돌려보면, 우리가 상상할 수 없는 노력과 자기희생을 감수했음을 알 수 있다. 그런 노력이 있었기에 역사의 한 페이지에 위대한 업적을 남길 수 있었던 것이다. 우리나라 쇼트트랙 선수들도 그랬을 것이다. 그들이 있었기에 동시대를 사는 우리도 행복했고, 다시 일어나는 기적을 만들 수 있었다.

이들은 남들이 이만하면 되었다고 생각하는 그 지점에서 더욱 분발하여 노력했다. 그런 꾸준함이 있었기에 분단된 이 작은 나라가 IT 강국이 되고 세계 10위권을 넘보는 경제강국이 된 것이다. 꾸준하다는 것은 이미 성공의 반은 이룬 것이라고 생각한다. 세계를 호령하는 우리나라 양궁의 성공사례도 꾸준히 단련하여 어떤 상황에서도 백발백중할 수 있는 담력과 실력을 키운 결과이다.

노력은 배신하지 않는다. 너무나 당연한 말 같지만 그런 한계를 극복한 사람만이 금빛 메달을 목에 걸 수 있듯이, 각자의 인생에서도 그런 노력이 있을 때 인생 금메달을 차지할 수 있을 것이다. 설령 금메달을 놓친다고 해도 인생은 꾸준히 노력한 사람에게 합당한 보상을 한다고 믿는다.

비범함이 꾸준함을 이길 수 없다. 한두 번 행운이 있을 수 있지만 결국 승리는 항상 꾸준히 노력하는 사람들에게 돌아간다. 승자들의 역사를 돌아보면 꾸준함이 비범함을 만들어왔음을 알 수 있다. 스포츠에서만 입증된 것이 아니라 우리들의 삶에서도 공감할 수 있는 대목이다.

당신이 대한민국의
'정은경'입니다

코로나 19 사태가 일어나고 처음 뉴스에 등장할 때만 해도 한두 번 볼 얼굴이라고 생각했다. 그러나 그녀는 매일 뉴스에 등장해 우리나라 감염 상황을 당황하지 않고 흥분하지 않고 차분히 설명했다. 아마도 발표자가 겁에 질려 있거나 흥분한 상태였다면 그걸 지켜보는 국민들도 함께 흥분하고 불안해했을 것이다.

사람들이 두려움에 떠는 상황에서도 그녀는 매우 침착하게 그리고 신뢰감 있게 상황을 브리핑했다. 처음 등장할 때 통통해 보이던 얼굴이 한두 달이 지나자 핼쑥해졌고, 기자들이 건강을 걱정하는 질문을 하자 "1시간 이상은 잡니다"라고 답변하는 쿨함도 보여 줬다. 하나부터 열까지 그녀의 전문성과 인성은 모이는 곳마다 화제를 불러일으켰다.

뉴스에 나오는 그녀를 보고 많은 국민들이 초인처럼 느꼈을 것이다. 공직자가 갖춰야 할 덕목인 신뢰의 '갑'이라고 찬사를 보내고 싶다. 저런 공직자가 있다는 사실 하나만으로도 무서운 팬데믹을 극복할 수 있는 희망을 보는 듯했다. 사실 코로나 19 사태 초반에는 미국이나 유럽에 비해 우리나라가 잘 관리되고 있어 국민들이 안심하고 생업에 종사하기까지 했다.

2015년 메르스 사태 때에도 새벽부터 늦은 밤까지 동분서주하는 그녀를 보고 주변에서 '도저히 한 사람이 감당할 수 있는 일이 아니다. 혹시 세 쌍둥이가 8시간씩 돌아가며 근무하는 것이 아니냐?'는 감탄의 농담을 할 정도였다고 한다. 외신에서는 '정은경을 가진 대한민국이 부럽다'고 칭찬을 아끼지 않았다. 물론 '정은경' 한 사람이 잘해서 세계 속의 '뉴노멀'이 되었겠는가? 보이지 않은 곳에서 헌신하고 봉사한 또 다른 '정은경'이 있었기에 가능한 일이 아니겠는가?

선진국이라고 콧대를 세우고 살았던 유럽에서는 '대한민국을 배우자'며 우리 사례를 연구하고 도움을 청하고 있다고 한다. 나는 대한민국이 코로나 19 사태를 겪으면서 한 번도 가 보지 않은 길을 가면서 우리의 저력이 발현되고 있다고 자부한다. 발병 초기에 우리를 비아냥거렸던 많은 나라들이 이제 우리의 극복 노하우를 배워가고 있다. 발병 초기에 환자들의 동선을 추적하는 것을 보고 많은 외신들은 사회주의 운운하며 개인의 자유가 침해된다는 주장까지 거침없이 했다. 그러나 전통적으로 선진국

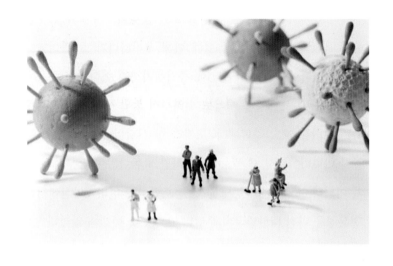

새벽부터 늦은 밤까지 동분서주하는 그녀를 보고
외신에서는 '정은경을 가진 대한민국이 부럽다'고
칭찬을 아끼지 않았다. 물론 '정은경' 한 사람이
잘해서 세계 속의 '뉴노멀'이 되었겠는가?
보이지 않은 곳에서 헌신하고 봉사한 또 다른
'정은경'이 있었기에 가능한 일이 아니겠는가?

이라고 자부하던 유럽이 코로나 19로 무너지면서 그런 조롱은 쏙 들어가고 우리에게 구원의 손길을 원하고 있다.

나는 이번 사태를 보면서 대한민국 공조직에 근무하는 수많은 '정은경'에게 경의를 표하고 싶다. 전 세계가 한 번도 경험하지 않은 팬데믹 상황을 겪으면서 예기치 못한 재난에 국가는 무엇을 할 수 있으며 이를 어떻게 효과적으로 수행할 수 있는가 고민하고 있다. 또 어느 나라가 모범적으로 극복해 나가는지 지켜보며, 우리나라를 '뉴노멀'이라고 평가하는 것 같다.

우리는 지금까지 대부분 어떤 상황이 전개되면 선진국들이 그동안 해온 노하우와 경험치를 벤치마킹하는 데 급급했다. 그러나 이번 사태를 겪으면서 우리는 세계 속에서 자신감을 가질 필요가 있다고 생각했다. 내가 처음 광고를 시작한 1980년대에는 미국과 일본 광고를 카피하는 데 급급했다. 이른바 누가 먼저 베끼느냐가 성공의 지름길이었다.

그러다가 모방 광고에 대한 규제가 생기면서 양상이 많이 달라졌다. 새로운 아이디어를 내는 데 처음엔 고전했지만 시간이 흐르자 금방 우리만의 아이디어를 발전시켰다. 우리 경제가 압축성장을 하면서 부작용도 많았지만 할 수 있다는 믿음과 경험이 우리의 실력이 된 것 같다. 분야는 다르지만 우리 산업 전반에 불철주야 노력하는 수많은 '정은경'이 있어 오늘의 대한민국이 있는 것이다.

우리나라가 근대화가 늦었고 또 그 과정에서 일제강점기라는 불행한 역사를 거치면서 많은 왜곡이 일어난 게 사실이다. 그렇게 근대화의 물꼬는 늦게 터졌지만 우리는 특유의 부지런함과 높은 교육열로 선진국들을 하나씩 따라잡았다. 특히 IT 업종은 독보적 위치를 차지하고 있으며, 각종 문화산업도 뛰어난 아이디어와 완성도로 '한류'라는 새로운 국가적 먹거리를 만들어냈다.

내가 주로 해외출장을 다니던 1980년대 후반과 1990년대 초반에는 전자제품이나 멋진 디자인의 제품들을 사 가지고 들어와 선물했다. 하지만 이제 해외에 나갈 때 현지인들에게 줄 선물을 서울에서 사 가지고 간다. 받는 사람들이 얼마나 좋아하고 감탄하는지 모른다. 대한민국 브랜드가 달라진 것이다. 1980년대에 해외출장을 가면 대부분 우리를 일본인이냐고 물었을 정도다. 그러나 지금은 한국인임을 알아보고 드라마를 물어보거나 케이팝을 흥얼거리며 함께 떼창을 할 정도다.

겨울에 자주 골프 치러 가는 따뜻한 동남아에서 만나는 젊은 친구들은 한국어 학원에 다니면서 꿈을 키우고 있다며 우리에게 호기심을 보이는 경우도 많았고 예전보다 더 친절하게 가이드해주었다. 언제부터인지 확실하지 않지만 우리는 우리가 모르는 사이 세계 중심국가로 발전하고 있는 것이다.

이번 코로나19라는 불행한 사태는 다시 한 번 대한민국의 저력과 국민의 위대함을 느끼는 계기가 되었다. 해외에 거주하는 우리 동포들의 이성적 행동도 귀감이 되는 사례가 많다. 캐나다 토론토도 이번 질병으로 사회 전체가 셧다운되는 사태를 겪자 많은 사람들이 슈퍼로 몰려가 식료품을 사재기하는 현상이 벌어졌다. 그런데 우리 한인들이 자주 가는 한인 식료품 가게들에서는 그런 현상이 벌어지지 않았다. 필요한 양만 사고 소진되면 다시 사는 일상을 유지해 캐나다 사람들의 주목을 받았다고 한다. 가족이 토론토에 살고 있는 나는 걱정되어 통화하지만 오히려 캐나다 가족은 대한민국의 나를 걱정한다.

여자로 태어난 것에
행복을 느낀다

LG애드에서 카피라이터로 근무할 당시 진도모피 광고 비딩에 참여했다. 그때는 모피광고가 거의 없었던 시절이고 모피가 대중화되기 전이어서 카피를 쓰는 데 참 힘들었던 기억이 난다. 지금도 그렇지만 당시 모피는 고가 제품이었고, 그중에도 진도모피는 가장 고가로 판매되는 명품에 속했다. 그때 진도모피는 국내시장보다 해외시장에서 고가 브랜드로 명성을 날리고 있었기 때문에 국내시장 런칭은 많은 여성 고객들을 설레게 하는 사건이었다.

진도모피도, 광고를 맡은 광고대행사도 고민이 많았다. 어떻게 해야 진도모피의 고급스러움과 위상에 맞는 시장을 만들어낼 수 있을까? 단순하지 않은 시장의 문제를 해결하기란 언제나 어려웠다. 지금이야 모피가 대중화되었지만 당시에는 특수층만 입는 사치품으로 인식되었다. 그래서 기존 고객들에게는 지금까지의 희귀성을 유지하고, 새롭게 구매하는 고객들에게는 그동안 접근할 수 없었던 진도모피를 입을 수 있다는 기대감과 만족감을 줘야 하는 쉽지 않은 게임이었다.

특히 남자인 내가 카피라이터로서 여성 타깃의 고가 모피제품 카피를 쓰는 일은 쉽지 않았다. 참으로 헤매던 기억이 있다. 그때 아마 여성에 대한 존경과 극단의 아름다움에 대한 표현은 다 써 본 것 같다. 이렇게도 써 보고 저렇게도 써 보았지만 내부 리뷰에서 통과되지 않았다. 그렇게 헤매던 중 해결의 실마리는 의외의 곳에서 발견되었다.

장미희라는 당시 최고 주가를 올리던 모델을 쓰자는 아이디어가 나오자 모든 것이 술술 풀리기 시작했다. 아마 내 기억에 그 당시 장미희 씨는 광고모델로 전혀 활동을 하지 않았을 때였다. 광고에 전혀 출연하지 않던 그녀가 최초로 광고를 허락한 브랜드가 된 것이다. 당시에 장미희 씨 모델 기용은 큰 화젯거리였다. 최고의 브랜드와 최고의 모델을 써서 성공하지 못하면 바보라고 쑥덕거릴 정도였다.

그때 생각해낸 카피는 이루 헤아릴 수 없을 만큼 많았다. 수천 가지 카피를 쓰며 헤매던 어느 날, 내 머리를 스친 한 줄의 카피는 바로 "여자로 태어난 것에 행복을 느낀다"였다. 여자라서 진도모피를 입을 수 있으니까! 그래서 행복하다는 자본주의 끝을 알리는 카피를 쓴 것이다. 지금 생각해 보면 물신주의 같지만 그 당시에는 통했던 카피다.

무엇보다 장미희 씨는 영화 외에는 거의 출연하지 않았던 최고 모델이자 셀럽이었고, 대한민국 여자들의 워너비였다. 그런 그녀가 광고에 등장하자 엄청난 반향을 일으켰다. 장미희 씨 모델 전략은 기대 이상이었다. 광고효과가 바로 매출로 연결되어 브랜드 파워 제고는 물론 매출이 수직 상승하는 효과를 거두었다.

모든 사치품은 다음 세대의 필수품이다. 자본주의 발달사를 보면 이 말이 그냥 지어낸 말이 아님을 알 수 있다. 고가의 사치품도 시간이 흐르면서 대중화되는 과정을 겪는다. 처음에 고가로 특수층에만 팔리던 물건이 대중화되면서 시장 규모가 커지고 가격이 낮아지면서 접근이 용이해지는 것이다.

많은 제품들이 대부분 사치품에서 대중화되면서 비슷한 과정을 겪는 것을 알 수 있다. 지금 우리가 필수품으로 여기는 자동차도 처음엔 카네기나 헨리 포드 같은 갑부들이 주로 이용하던 사치품이었다. 자동차가 대중화의 길을 걷게 된 것은 대량생산으로 가격이 낮아졌기 때문이다. 오늘날 우리가 아무 저항감 없이 구매하는 많은 물건들이 대부분 처음엔 고가의 희귀품이었다.

고가의 사치품을 시장에서 팔아야 하는 마케터들은 처음엔 고민이 많았을 것이다. 도대체 어떻게 해야 사람들이 저항감 없이

수천 가지 카피를 쓰며 헤매던 어느 날,

내 머리를 스친 한 줄의 카피는 바로

"여자로 태어난 것에 행복을 느낀다"였다.

여자라서 진도모피를 입을 수 있으니까!

그래서 행복하다는 자본주의 끝을

알리는 카피를 쓴 것이다.

구매할까? 그들이 발견한 것은 명분에 약한 인간의 속성을 파고 드는 것이었다. 사치품을 사치품으로 파는 데 한계를 느낀 그들은 명품이라는 명분을 만들어 시장에 내놓았다. 가격은 비싸지만 보통 사람들이 가질 수 없는, 그래서 나만 소유할 수 있는 명품으로 둔갑한 사치품은 우리 곁에 가깝게 다가왔던 것이다. 사용가치보다 소유가치를 자극하여 명품의 반열을 유지하던 브랜드들이 젊은 명품 소비자들이 늘면서 호황을 이루는 것도 이런 현상을 이용한 마케팅 덕이라고 할 수 있다.

우리나라는 사실 모피문화가 맞지 않는 기후조건을 가지고 있다. 겨울이 그렇게 긴 것도 아니고 러시아처럼 추위를 극복하기 위한 실용적 패션이 아니기 때문에 모피가 환영받지 못했는데 어느 순간부터 우리나라 여성들의 겨울 필수아이템이 되었다. 모피는 사는 것보다 관리하기가 매우 어려운 옷이다. 습도와 온도가 맞아야 원상태의 아름다움을 오래 유지할 수 있다. 동물의 가죽이기 때문에 다른 원단보다 날씨의 영향을 많이 받는 것이다. 이렇게 까다로운 패션인데 우리나라에서 대중화에 성공한 것을 보면 우리의 소비성향이 얼마나 대단한지 알 수 있다.

최근에는 환경보호 차원에서 모피를 입지 말자는 캠페인이 전 세계적으로 일어나 예전만큼 많은 사람들이 모피를 애용하지는 않는다. 하지만 모피가 가진 희귀성과 상품성이 늘 많은 여성들의 가슴을 설레게 한다. 무엇보다 주변 사람들의 부러운 시선을 받고 활보할 수 있는 도도한 패션이기 때문에 관리가 어려워도, 가격이 높아도 수요층은 언제나 존재하기 마련인 것이다. 패션에서의 '일점 호화주의'—點豪華主義도 바로 이런 현상에서 비롯되었을 것이다.

여자들에게 모피는 언제나 옳다는 환상을 심어 준 카피라고 자부한다.

옷 입고 하는 일 중에
가장 신나는 일

아마도 옷 벗고 하는 일 중에 가장 신나는 일은 나이에 따라 다르겠지만 아마도 여러분이 상상하는 그것일 것이다. 그러면 옷 입고 하는 일 중에 가장 신나는 일은 무엇일까 생각해 보니 내 경우는 골프다. 지금은 다들 일찍 시작하지만 내가 회사 다닐 때는 눈치도 보이고 윗사람이 시작하지 않으면 다들 시작하지 않았다.

나는 30대 초반에 일종의 불문율처럼 골프를 시작했다. 당시 살던 동부이촌동 아파트 바로 옆에 연습장이 있었는데 호기심으로 한번 구경 간 것이 인연이 되었다. 당시 돈 많은 후배가 골프를 치고 있었는데 모임에서 내가 연습장 구경 간 이야기를 했더니 다음 날 퇴근하고 집에서 저녁식사를 하는데 전화가 왔다. 우리 집 앞에 와 있다는 것이다. 헐레벌떡 나가 보니 각각 차를 타고 잠깐 어디를 가자는 것이다. 아니 같이 타면 되지 않냐고 했더니 따로 몰고 가자고 한다.

나는 다시 집으로 올라가 차 키를 가지고 내려왔다. 그 친구가 앞장서 갔고, 졸졸 따라가니 아파트 옆에 있는 골프 연습장으로 들어가는 것이 아닌가. 그리고 자기 차에서 골프백 두 개를 내리면서 하나는 내 거란다. 내가 골프를 시작한 계기는 이렇다. 그날 이후 나는 3개월간 이상 꾸준히 레슨을 받고 드디어 머리를 올렸다.

퇴근하고 3개월 정도 거의 매일 연습하다 보니 자신감도 생기고 필드에 나가고 싶은 생각이 들었다. 그즈음 내가 연습하는 것을 눈치챈 선배가 머리를 올려 주겠다고 일요일 강북에 있는 한양CC에서 보자고 했다. 그날 밤에 소풍 전날 학생처럼 얼마나 설렜는지 모른다. 밤늦도록 골프 클럽을 만지작거렸다.

다음 날 아침에 두근거리는 마음으로 골프장에 갔다. 아무 사전정보가 없어 차를 운전하고 가서 눈치를 보니 트렁크를 열어 주어 백을 내렸다. 주차하고 다시 오니 보스턴백만 있었다. 잠깐 당황했지만 다른 사람들도 모두 백만 가지고 들어가 시간과 이름을 등록했다.

그렇게 시작한 골프가 30년이 넘어가고 있다. 꼼꼼하지 않은 성격 탓인지, 운동신경이 나빠서인지 골프 치면 생기는 그 흔한 패 하나도 없다. 싱글패도 없고 이글패도 없다. 80타만 10번 이상을 친 것 같다.

3년 만에 머리 올린 한양CC에서 마지막 파 4를 남겨 놓고 75타를 치는데, 선배 한 분이 말씀하셨다.

"김 국장, 싱글 아직 못했지? 그린에 올리기만 하면 파로 적고 패 만듭시다!"

"아닙니다. 인생에 한 번 하는 것인데 정정당당하게 해야죠. 그냥 제대로 쳐서 하겠습니다."

자신만만하게 이야기하고 쳤지만 들뜬 마음 때문인지 더블보기를 하고 말았다. 그렇게 허망하게 첫 싱글의 찬스를 놓친 후 싱글의 저주는 아직까지 풀리지 않고 있다. 나이를 먹어가면서 싱글은 더욱 요원해지고 있다. 내가 한번 직장 선배들과 운동을 하는데 싱글의 저주에 대해 이야기하니까 본인들은 에이지 타를 치는 게 목표라고 한다. 자기 나이와 같은 타수를 치는 것이 또 하나의 골프 기록 중 하나라고 한다.

아무튼 골프가 재미있고 계속 도전하는 이유는 스코어가 있고 그 스코어에 의미를 부여하며 도전하기 때문인 것 같다. 또한 동반자들과 18홀 라운딩하면서 나누는 이야기나 친교 등 5시간 이상 함께하는 의미가 클 것이다. 빡빡한 스케줄로 일하다가 푸른 잔디를 보면서 운동하는 골프는 각박한 우리 사회에서는 호사라고 할 수 있다.

토론토에서는 자연을 만끽하고, 무엇보다

시간에 쫓기지 않고 편안하게 운동할 수 있어서 좋다.

아이들과 함께 운동하면서 샷 하나하나에 웃을 수 있고

"굿 샷!"을 외칠 수 있어 골프의 재미가 배가 된다.

역시 골프는 옷 입고 하는 일 중에 가장 신나는 일이다!

지금까지 1천 번 이상은 라운딩을 한 것 같다. 특히 나는 이른 봄 라운딩할 때 나만의 즐거움을 만끽한다. 양지 바른 필드에 누런 잔디 사이로 새싹이 올라오는 것을 보면 기분이 매우 상쾌해진다. 겨우내 얼어붙은 땅에서 죽지 않고 올라오는 자연의 신비를 느낄 수 있기 때문이다. 이런 곳에 볼이 있으면 잔디 밑으로 깊게 치는 것이 미안해 살짝 걷어낸 적도 많다. 작은 새싹이지만 누런 곳에 수줍은 듯이 올라오는 싹이 그렇게 아름다울 수가 없다. 골프는 언제 나가도 좋지만 특히 이른 봄 새싹이 움틀 때 라운딩하는 것을 좋아한다.

또한 골프장 경치가 아름답고 너무 인위적인 느낌이 나지 않는, 즉 자연을 최대한 그대로 살려 디자인한 골프장을 좋아한다. 우리나라의 많은 골프장은 억지로 자연을 파괴하면서 만든 곳이 많지만, 해외 골프장은 대부분 그렇지 않다. 특히 필리핀 마닐라 외곽에 있는 하이랜드 CC는 내가 라운딩한 골프장 중 다섯 손가락 안에 드는 명문 골프장이다. 이곳은 18홀 내내 바다의 아름다운 경치를 보면서 운동할 수 있다. 뿐만 아니라 반대 방향으로는 세계 부호들의 별장이 펼쳐져 있어 골프장이라기보다 일종의 관광코스 같은 느낌이 든다.

캐디들은 빨간 지붕 집은 누구 집이라는 등을 알려 주었다. 세계적 인사도 있지만, 마르코스 대통령 시절의 정치가와 재벌들의 것이라고 소개하면서 다양한 비하인드 스토리를 들려주었다. 대개는 정치 야사가 주를 이루는데 독재정권 이야기라서 들으면서도 씁쓸함을 지울 수 없었다. 이 골프장도 그런 세도가들을 위해 만들어진 골프장이라고 소개하면서 우리에게 당신들도 그 사람들 못지않은 대단한 사람들이라고 추켜세워 주었지만 기분은 썩 좋지 않았던 기억이 난다.

가족이 있는 토론토에 가면 가까운 골프장에 나가 운동할 때가 있는데 부킹이 어렵지 않고 비용도 크게 들지 않아 좋다. 가끔 사슴이나 고라니 같은 야생동물들이 필드에 들어와 노닐고 있는 모습을 보면 한 폭의 그림 같다는 생각이 든다. 자연은 인간만이 아니라 함께 살아가는 야생동물들과도 공유해야 한다는 생각이 들게 하는 장면들이다.

우리나라에서는 바쁘게 일하고 주로 주말을 이용해 운동해서 그런지 매번 할 때마다 소중하고 재미있다. 한편, 토론토에서는 자연을 만끽하고, 무엇보다 시간에 쫓기지 않고 편안하게 운동할 수 있어서 좋다. 아이들과 함께 운동하면서 샷 하나하나에 웃을 수 있고 "굿 샷!"을 외칠 수 있어 골프의 재미가 배가 된다.

역시 골프는 옷 입고 하는 일 중에 가장 신나는 일이다!

4

/

독서는 머리를 만들고
여행은 마음을 만든다

/

고 1 때 이미 세계 문학 전집을 다 읽었다.

한국의 주요 장단편도 다 해치웠다.

마음의 허기는 책으로만 해결되지 않았다.

방학이 되면 무작정 집을 나섰다.

겨울에 경포대 앞 여관은 연탄 2장 값이면 재워 주었다.

문풍지를 울리는 겨울바람은 차가웠지만

마음은 백 가지 천 가지 이야기가 쌓여갔다.

김원규와 WonKyu Kim의 차이

동양과 서양은 많은 부분에서 차이가 있다. 멀리 갈 것도 없이 가까운 나라 일본도 우리나라와 많은 부분이 다르다고 느낀다. 누가 맞고 틀리고의 문제가 아니고, 누가 우월한지 가름할 문제도 아니다. 인류의 역사가 시작되면서 모여 사는 사람들의 특징이 그대로 그 사회와 종족들에게 내려온 것이 전통이라는 이름으로 누적되면서 역사가 되었을 것이다. 그것이 대한민국의 전통과 역사가 되었다. 또 어떤 특징들은 프랑스나 영국만이 공유하는 전통으로 계승 발전되었다.

여행하면서 또는 서양 사람들과 일하면서 크고 작은 차이들을 발견하고 깜짝 놀랄 때가 많다. 그 사회나 민족 사이에 내려온 전통이 처음에는 작았겠지만 수천수만 년간 지속되면서 금성과 화성만큼이나 벌어진 것이다.

몇 가지 누구나 공감하는 요소들을 공유해 보겠다. 아마 인식

해온 것들도 있고, 그냥 지나치던 것인데 아하 하는 깨달음을 주는 것도 있을 것이다.

이름

김원규 vs. WonKyu Kim.

우리나라를 비롯해 일본이나 중국은 패밀리 네임인 성씨가 먼저 온다. 그만큼 혈통과 가족에 높은 가치를 둔다. 우리나라 고전을 읽어 보면 역모를 하거나 중대한 범죄를 저지르면 당사자만 처벌하는 것이 아니라 3족을 멸하는 가혹한 형벌을 내린다. 아마 이런 전통적 사고도 가문과 혈족을 중시하는 사상에서 비롯된 것이라는 생각이 든다.

우리나라를 포함한 동양사회는 가족이나 가문이 개인보다 먼저이다. 그래서 성씨가 먼저 오는 것이다. 나를 있게 한 가문의 성씨가 먼저 오고 그다음에 내가 존재한다. 반면, 서양은 패밀리보다 나라는 존재가 먼저이고 그다음에 패밀리 네임이 온다. 우리와는 순서가 정반대이다. 서양의 개인주의 철학도 이런 전통적 사고에서 연유되었을 것 같다는 생각이 든다.

작은 차이 같지만 나라는 사람의 존재를 알리는 이름을 표기하는 방법부터 이렇게 다르니 많은 부분은 얼마나 다르겠는가? 물론 인간의 기본 속성에서 비슷하거나 같은 것도 많겠지만 존재 자체를 호명하는 방법이 이 정도로 다르다 보니 다른 분야에도 호기심이 발동해서 정리해 보겠다.

주소
서울시 용산구 동부이촌동 현대아파트 33동 000호 vs.
750 York Mills Rd 906 Toronto on M3B

동양의 주소는 배경이 되는 광역부터 지번으로 들어가는 순서다. 한편 서양의 주소는 현재 내가 사는 특정한 장소가 먼저 나오고 범위를 광역으로 확대하는 구조다. 주소도 동양에서는 나의 배경이 되는 곳부터 쓴다. 반대로 서양에서는 내가 있는 곳과 가장 가까운 곳을 먼저 쓰고 점점 광역으로 확대해 표시한다.

동양은 현재 내가 위치한 곳보다 뿌리를 먼저 연상하고, 서양은 과거의 혈통보다 현재 내가 살고 있는 곳이 더 의미 있다고 판단하는 것은 아닐까? 정리하는 방법에 대한 근거는 잘 모르겠지만, 어문학적 관점에서 주소의 순서를 보면 무엇이 앞에 오고 무엇을 중시 여겼는지가 보인다.

주소는 단순히 장소를 특정하는 방법이 아니라 각자 살아온 철학과 인습의 둘레에서 대대로 내려온 관습일 것이다. 주소의 순서를 보고 왜 그런 순서로 정리했는지에 대한 가치판단을 해보면, 이름을 정리하는 순서와 철학적 꽤가 닿아 있는 듯하다.

날짜

2021 / 2 / 15 vs. 15 / 2 / 2021

날짜를 기록하는 방법도 우리는 연도부터 월을 쓰고 특정한 날짜로 가고, 서양은 날짜에서 월, 연도로 가는 형식이다. 이것도 현재를 바라보는 관점에 따라 달라지고 있다고 본다. 동양은 오늘보다 현재가 어떤 내역으로 있는가가 중요한 요소이다. 반대로 서양은 과거의 내역보다는 오늘이 중요한 의미를 가지기 때문에 우리와 역순으로 기술한다고 생각한다. 현재를 인식하는 방법에 차이가 극명한 것이다.

자기소개서

나 vs. 부모

지금이야 많이 달라졌지만 얼마 전까지만 해도 자기소개서를 쓰라고 하면 우리나라 사람들은 부모를 먼저 거론했다. 특별히 의미가 있어서도 아니요 무슨 과시욕에 그러는 것도 아니다. 많은 사람들이 관습적으로 '엄격하신 아버지와 자상하신 어머니의 사랑을 받고 자랐습니다'로 자기소개서를 시작했다. 반면에 서양의 자기소개서는 부모나 형제가 누구고 어떤 영향을 미쳤는가보다 내가 누구인가를 더 중요하게 부각시킨다.

동양 사람들은 나의 존재는 부모로부터 시작되었다는 인식이 강하다. 우리나라의 1970, 80년대 드라마나 영화는 맏아들의 성공을 위해 다른 자식들은 학교도 제대로 못 가며 희생하는 것이 단골 스토리였다. 영화나 드라마를 보는 사람들도 큰 저항감이 받아들였다. 그러나 서양 사람들은 늘 '나'를 가장 우선시한다.

그림 인식법
배경 vs. 개체

이제는 많은 학자들이 동서양의 그림 인식법을 연구하고 발표하여 신기하지 않지만, 처음에는 거짓말같이 느껴졌다.

예를 들어, 어항 속에 물고기가 노니는 그림을 보여 주고 묘사해 보라고 하면 동서양 사람이 확연히 차이가 난다. 동양 사람들은 대부분 어항의 컬러와 그 속의 수초나 물 색깔을 디테일하게 묘사한다. 반면, 많은 서양인들은 어항 속에 몇 마리의 물고기가 있는지 먼저 인식한다. 동양은 배경으로 나를 부각시키지만, 서양은 내가 있음으로 배경이 있다고 생각하는 것이다. 우리와 다르게 서양 사람들은 배경보다 물고기가 몇 마리이고 컬러는 무엇인지 기억하고, 어항 속 상태는 거의 기억하지 못한다. 개개인의 차이가 아니라 동서양의 차이가 이렇게 크게 다르다.

서양 문화권인 미국, 캐나다, 영국, 프랑스, 이탈리아, 호주 등을 여행할 때와 중국, 대만, 일본, 태국, 필리핀, 홍콩, 마카오,

여행하면서 또는 서양 사람들과 일하면서

크고 작은 차이들을 발견하고 깜짝 놀랄 때가 많다.

그 사회나 민족 사이에 내려온 전통이

처음에는 작았겠지만 수천수만 년간 지속되면서

금성과 화성만큼이나 벌어진 것이다.

싱가포르, 인도네시아, 말레이시아, 인도, 베트남 등을 여행할 때를 비교해 보면 그들의 삶의 방식과 인식체계가 너무나 다르다는 것을 알 수 있다. 내가 확연히 느낀 것은 이 정도이지만, 아마 다른 사람들도 '왜 이렇게 다르지?' 하고 느끼고 돌아오는 경우가 많았을 것이다.

뉴욕에서 로마까지

미국 뉴욕을 중심으로 동부지역이 가진 프라이드와, LA를 중심으로 서부 도시에서 느끼는 미국은 다르다. 이방인으로서 프랑스 파리는 3번 방문했지만 그때마다 느낌이 달랐던 것 같다. 내가 확실히 느낀 것은 패션과 음식에 대한 강한 자부심과, 하늘을 찌르는 그들의 콧대였다.

반면 이탈리아의 로마는 우리나라와 비슷한 감정선을 지녀서 편했다. 공항에서 택시를 탔는데 바깥 구경을 할 수 없을 만큼 과속으로 달렸다. 기사는 빨리 가야 또 다른 손님을 모실 수 있다며 자기의 꿈은 카레이서라고 했다. 곡예 같은 운전이었지만 우리 일행은 크게 당황하지 않았다. 한국에서 택시 타는 기분 같았으니까.

로마는 과거 유럽을 지배한 역사가 있어서 그런지 자부심이 대단했다. 특히 개선문, 콜로세움 등 이름만 들어도 주눅 들게 하는 도시였다. 사람들은 대체로 친절했고 쉽게 흥분하는 경향이 있었다. 한편 시칠리아섬은 분위기가 완전히 달랐다. 섬 주인이 여러 차례 바뀌어서인지 쉽게 다른 문화를 수용하고 하나가 되려는 경향을 느낄 수 있었다.

기원전 395년에 세워진 그리스풍의 원형극장에서 하나은행 광고를 촬영했는데, 현지 스태프들이 마치 한국 사람처럼 움직여 줘서 즐겁게 일한 경험이 있다. 날씨와 현지 상황이 잘 돌아가 촬영을 마치고 이틀 정도의 여유가 생겨 타오르미나를 관광하는데 도시 전체가 인류 역사와 문화의 보고 같은 느낌이 들었다. 거기에 있는 돌 하나마저 문화재 같은 느낌이 들 정도였다. 그다음에 경험한 영국 런던은 비교적 짧은 시간이었지만 좀 어두운 느낌이었다. 날씨 영향이 아닌지 모르겠다.

나는 세계 여행을 하면서 우리와 다른 생활습관이나 문화를 접했을 때 이상하기보다 다름의 뿌리를 알려고 노력하는 편이다. 여행은 단순히 낯선 곳을 찾고 먹고 보는 것이 아니라 그 지역에 사는 사람들의 생활과 문화와 역사를 알아가는 재미가 더 크다고 생각하기 때문이다. 그래서 여행 가기 전에 나는 많은 학습을 한다. 그들은 왜 그런 가치관을 가지고 있는지, 왜 그런 패션을 입게 되었는지, 어떤 연유로 그 지방의 대표 음식이 되었는지를 알아가는 것이 여행의 참맛이라고 생각하기 때문이다.

미국 대서양 종단의
꿈을 이루다

뉴욕에서 나는 일행 두 명과 함께 포드 승용차를 렌트하여 남으로 남으로 향했다. 보통 미국의 젊은이들은 3개의 루트로 여행하는 것을 평생의 꿈으로 여긴다고 한다. 첫째는 뉴욕에서 LA까지 하는 동서 횡단이고, 둘째는 대서양을 따라 보스턴에서 키웨스트Key West까지 하는 동부 종단이며, 나머지 하나는 캐나다 밴쿠버에서 LA까지 하는 태평양 종단이라고 들었다. 이른바 'H'자로 미국 대륙을 여행하는 것이 그들의 꿈인 것이다.

외국인으로서 그중 하나인 대서양을 끼고 여행하는 것은 모험이자 행운이었다. 그 어느 코스든 매우 힘들고 짜릿한 경험을 위해 도전해야 하는데, 특히 동서 횡단은 사고가 많이 일어나 여행을 떠나보낸 부모들이 가슴 졸이며 기다린다고 들었다. 처음에는 동서 횡단을 계획했으나 뉴욕에서 만난 지인들이 말리는 바람에 대서양 종단을 하기로 마음먹었다.

버지니아 비치에 도착하여 식사를 하고 갈매기에게

과자도 던져 주며 마음껏 대서양 바다를 보면서 즐겼다.

무엇보다 도시가 깨끗하고 조용해서 좋았다.

남부 도시의 전형적인 평온함이 느껴져서

여유가 있다면 긴 시간 머무르고 싶었다.

12박 13일 코스로 정하고 3월 12일에 출발했다. 차를 렌트하고 떠나는데 지인은 걱정스럽게 우리 일행을 바라보았다. 그리고 재삼 경찰이 차를 세우라고 하면 절대 핸들에서 손을 내리지 말라고 알려 주었다. 경찰들은 손을 내리면 총으로 공격한다고 생각하고 발포한다는 것이었다. 겁이 났지만 그런 일은 일어나지 않을 것이라고 다짐하고 마치 초등학생 소풍 가듯 그렇게 흥분해서 출발했다.

　여행 첫날, 버지니아 비치에 도착하여 식사를 하고 갈매기에게 과자도 던져 주며 마음껏 대서양 바다를 보면서 즐겼다. 13번 해안도로로 달리고 달려서 찰스턴Charleston에 도착하여 시내를 구경했다. 무엇보다 도시가 깨끗하고 조용해서 좋았다. 인상적이었던 것은 이상하게 축축 늘어진 가로수들이었다. 교회와 건물들이 예술작품처럼 아름다우면서도 중세도시의 건물처럼 경건해 보였다. 특히 교회들은 미국 초창기에 건축된 듯 아우라가 느껴졌다. 남부 도시의 전형적인 평온함이 느껴져서 여유가 있다면 긴 시간 머무르고 싶었다.

　사바나Savanah는 온통 도시 전체에서 술 냄새가 나는 듯했다. 해변으로 가는 골목길은 마치 마약 하는 청춘들이 있는 것처럼 흥청거렸다. 맥주 한잔하고 우리도 그들처럼 시시덕거리며 즐거운 시간을 가졌다. 간단하게 점심을 먹고 잭슨빌Jacksonville을 지나 세인트오거스틴St. Augustine에 이르렀다. 이 도시는 미국에서 역사가 가장 오래된 도시 중 하나다. 1565년 스페인 탐험대가 원주민인 인디언들을 정복하여 만든 도시라고 알려져 있다. 도시가 참 예쁘고 뉴욕에서 느끼는 미국스러움과는 완전히 다른 느낌을 풍겼다. 관광안내 책자를 찾아보니 미국 본토에서 가장 먼저 유럽 정착지가 세워진 도시라고 했다.

1565년 스페인 탐험가인 페드로 메넨데스 데 아빌레스가 정착했지만 여러 차례 주인이 바뀌면서 발전한 듯하다. 스페인과 영국, 그리고 그리스인들과 그들이 데려온 아프리카 원주민 등이 어울려 살면서 독특한 문화를 만들어낸 것이다. 역사지구에는 살아 있는 박물관처럼 그때 그 시절의 문화와 생활을 엿볼 수 있어 절로 감탄할 수밖에 없었다. 그다음 찾은 도시 데이토너비치Daytona Beach에서는 여행에서만 맛볼 수 있는 예기치 못한 즐거움과 만날 수 있었다. 바다 위에 'DANCE'라는 클럽이 있었는데 정말 전 세계 젊은이들의 댄스 경연장 같았다. 서울 촌놈은 그들의 축에도 끼지 못하고 한쪽 구석자리에 앉아 맥주만 마시면서 박수 치고 소리만 질러댔다.

밤새 놀고 다시 운전대를 잡고 올랜도Orlando로 향했다. 디즈니월드에 가 보고 싶었다. 아이는 아니지만 세계 최고의 놀이문화가 있는 곳을 그냥 지나칠 수는 없었다. 본래 나는 스릴 있는 놀이기구를 싫어하기 때문에 쇼만 관람했다. 아마 이곳은 전세계 사람들이 와서 즐기는 곳 같았다. 여기저기서 다양한 언어로 즐거움을 표현하는 소리에 또 한 번 놀랐다.

축제와 놀이기구를 즐기는 환호소리를 뒤로하고 웨스트팜비치W. Palm Beach를 지나 마이애미에 도착했다. 뉴욕에서 출발할 때는 추위가 가시지 않았었는데, 여기 해변에 도착하니 수영할 수 있을 정도로 더웠다. 해변에 도착하기 무섭게 바다에 뛰어들었다. 여행에서 오는 피로가 다 씻겨 나가는 듯했다. 사람들은 많지 않았지만 나는 수영을 하고 태닝까지 하는 호사를 누렸다. 해변 자체가 아름답거나 모래의 질이 좋은 것은 아니었으나, 젊은이들에게 그들의 젊음을 불태우기 좋은 곳이라고 느껴졌다.

하룻밤을 여기서 묶고 다음 날 우리 일행은 작은 해프닝을 겪게 되었다. 키웨스트로 가느냐 마느냐로 의견충돌이 있었다. 두 사람은 다른 도시를 하나라도 더 가자고 반대했고, 나는 우리가 살면서 언제 다시 오겠느냐 가자고 주장했다. 결국 가지 못하고 돌아서 반대편에 있는 세인트피터즈버그St. Petersburg로 향했다. 결국 20년이 지난 지금까지 다시 가지 못한 것을 보면 그때 갔을 걸 하는 후회가 아직도 있다.

다음 목적지는 펜서콜라Pensacola라는 도시인데 크지는 않지만 오랜 역사를 가진 도시로 스페인과 프랑스, 영국 등의 식민지 정벌로 주인이 몇 차례나 바뀌었다고 한다. 지금은 미국의 군사기지가 있는 곳으로 알려져 있다. 우리 일행은 거기서 간단한 식사를 하고 다시 차에 올라 '욕망이라는 이름의 전차'가 달리는 뉴올리언스로 향했다. 가장 가까운 코스로 전차를 타 보고 모처럼 술과 맛있는 식사를 했다. 지금도 있는지 모르겠는데 이 전차가 이제는 도시 교통의 걸림돌이 되어 언젠가 없어질 것이라고 현지 주민들은 알려 줬다. 아쉬웠다. 영화 속 추억이 그대로 유지되었으면 하는 바람이 있었다. 우리는 여기서 미국 남부 특유의 친절함과 순수함에 매료되어 계획보다 더 긴 시간을 보냈다.

그리고 다시 멤피스로 향했다. 한참을 시내 구경을 하는데 사람들이 우리 일행을 힐긋힐긋 쳐다보곤 했다. 처음엔 몰랐다. 왜 우리가 그곳에서 원숭이가 되었는지를! 한참을 가다가 나는 반바지 반팔의 우리 일행이 그들과 완전히 다르다는 것을 깨달았다. 3월 중순 우리는 플로리다에서 와서 반팔 반바지였지만 여기 기온은 생각보다 낮았다. 도저히 우리 옷차림으로는 다닐 수 없을 정도로 추웠다. 다시 차에 들어가 현지인처럼 두툼한 옷으로 갈아입고서야 편안한 여행을 할 수 있었다.

이곳을 찾은 것은 엘비스 아론 프레슬리Elvis Aron Presley의 자취를 찾기 위함이었다. 그가 살았던 그레이스랜드Graceland를 찾고 그가 노래를 처음 제작했던 선Sun스튜디오에 가서 기념품을 사기도 했다. 그레이스랜드는 미국 대통령 관저인 백악관과 함께 미국에서 관광객이 가장 많이 찾는 저택으로 알려져 있다. 직접 들어가서 둘러볼 정도의 호기심은 없어 문 사이로 살짝 보고 나왔다. 트럭 운전사였던 그가 선스튜디오에서 음반을 제작하면서 로큰롤의 역사는 요동치기 시작했다. 그는 안타까운 나이에 사망하지만 멤피스는 여전히 엘비스 프레슬리로 먹고산다고 해도 과언이 아니다. 그를 추모하고 그의 음악을 들으면서 블루스의 왕 비비킹의 동상으로 발걸음을 옮겼다. 여기 오기 전까지는 듣지 않았던 그의 음악을 듣기 시작한 것도 이 여행에서였다. 〈Love me tender〉와 〈Can't help falling in love〉를 흥얼거리며 우리는 멤피스를 떠났다. 때마침 석양이 길게 늘어져 그의 노래를 더욱 운치 있게 만들었다.

두 사람의 이야기로 시간가는 줄 모르고 놀다가 찾아간 곳은 내슈빌Nashville이었다. 작은 도시이지만 예전에는 목화재배의 중심지로 산업의 중심역할을 하던 때도 있었다고 한다. 무엇보다 여행자의 마음을 파고든 것은 아름다운 풍광이었다. 카메라로 어디를 촬영해도 바로 그림이 되었다. 우리가 찾은 식당이나 찻집 주인들의 순박한 인간미에 반했고, 시간이 여기서 그대로 멈추어도 후회하지 않을 것 같았다.

10일이 넘은 일정으로 여행하다 보니 점점 지쳐 갔다. 또한 사전지식 없이 운전하면서 하는 여행이 생각보다 힘들었다. 지금처럼 인터넷이 발달하지 않은 시기에 책 한 권을 들고 여행하는 것은 생각보다 쉽지 않았다. 지친 몸을 이끌고 도착한 곳은 신시내티Cincinnati였다. 이 도시는 미국에서 아주 조용하고 유해환경이 없는 도시로 정평이 나 항상 살기 좋은 도시 조사에서 상위를 랭크되는 도시다. 우리나라의 청주 같은 느낌의 조용한 도시였다. 산책하기 좋은 도시라고 느껴졌고 오가는 사람들의 인상마저 착하게 느껴졌다. 다만 나처럼 돌아다니기 좋아하는 사람에게는 좀 심심한 도시로 기억된다. 혹 나중에 늙어서 조용하게 살고 싶을 때 오고 싶은 곳이라는 느낌이 들었다.

여행에 흠뻑 빠진 우리는 학교 등교일에 맞춰 뉴욕까지 달리고 또 달렸다. 오하이오주를 거쳐 펜실베이니아주를 지나 다시 뉴욕에 가까워지니 그동안 더웠던 날씨가 차갑게 느껴졌다. 대학을 졸업하고 직장에서 치열하게 일하던 어느 날 뉴욕에서의 6개월 연수는 연수라기보다 휴식 같은 나날이었다. 뉴욕 한인타운에 있는 스텐퍼드호텔에서 6개월 장기 투숙한 사람 중에 내가 최장기 투숙객이었다는 사실을 체크아웃하는 날 알았다. 매일 인사하고 키를 주고받았던 한인교포 직원은 내가 평소대로 외출하는 것이 아니라 한국에 돌아간다고 하니 눈물까지 글썽였다.

다시 '나의 뉴욕'에 돌아오리라 하는 마음속 다짐은 12년 만에 이루어졌다. 가장 먼저 가 보고 싶었던 곳은 호텔이었다. 내가 그때 매일 인사했던 직원들은 없었지만 803호에 체크인하는 그때의 그 기분을 다시 느낄 수 있었다. 뉴욕은 언제나 뉴욕스러워 좋았다. 뉴욕은 내 인생의 3대 여행지 중 하나이다. 나머지 두 군데는 이탈리아 시칠리아의 타오르미나와 쿠바의 아바나이다. 다른 지역은 5, 6일 정도 있었던 비해 뉴욕은 장장 6개월이나 머물렀으니 거기서 보고 느끼고 체험한 추억은 그 어느 곳보다 강렬하다.

사과 하나로
파리를 놀라게 하고 싶다

우리나라에서 폴 세잔Paul Cézanne은 유독 '사과'로 기억된다. 물론 그가 사과 그림을 많이 그린 이유도 있지만, 그만큼 그가 우리에게 잘 알려지지 않았다는 증거이기도 하다. 한편으로는 그에 대한 인식이 그렇게 잘못되지 않았구나 하는 생각이 들 때도 많다. 그는 늘 정물화를 그리면서 마음속에 '사과 하나로 파리시를 놀라게 하고 싶다'라는 비수를 품고 살았기 때문이다.

그는 알려진 대로 프랑스 남부 엑상프로방스에서 부유한 은행가의 아들로 태어났다. 그의 꿈은 파리에 나가 화가가 되는 것이었지만 그의 아버지는 극렬히 반대했다. 그 당시 화가들은 지독히 가난했을 뿐만 아니라, 퇴폐적이고 무계획적이었기 때문이었을 것이다. 은행가는 숫자 하나 틀리지 않는 정확함과, 투자에 대한 예측과 판단을 필요로 하는 직업이었기에 아들이 화가가 된다고 했을 때 불같이 화를 냈다고 한다.

동양이나 서양이나 예술가에 대한 인식은 비슷한 모양이다. 세잔은 대학도 법학과로 진학하며 아버지의 바람대로 사는 듯했다. 하지만 마음이 콩밭에 가 있는데 공부가 제대로 될 리 없었다. 그는 적성에 맞지 않는다는 핑계로 대학을 중도 포기했다.

그리고 요즘 말로 '아빠 찬스'를 써서 아버지의 은행에 다녔다. 숫자에 밝고 이재와 수완이 좋은 아버지의 눈에 그의 일하는 모습이 만족스러울 수 없었거니와 세잔 역시 죽을 맛이었을 것이다. 처음엔 자기 아들이 은행에 들어와 일하니 만족하고 가르치려 했지만 세잔은 늘 아버지의 참견과 감시를 벗어나려고 애썼다. 그의 관심은 온통 파리의 화가들이었다.

그는 아버지의 감시와 관심이 잠잠해지자 은행을 벗어나 드디어 그리던 파리로 줄행랑을 치고 말았다. 이런 예상치 못한 상황이 벌어지자 아버지는 화가 머리끝까지 올라 세잔의 어머니에게 모든 지원을 끊으라고 강하게 지시했다. 그러나 자식 이기는 부모 없다고 사생아로 태어난 세잔을 더 이상 반대할 수 없었다. 아마 연민의 정도 있었을 것이다. 아버지는 내키지 않아했지만 어머니는 파리에 있는 그를 지원한다.

당시 대부분의 화가 지망생들은 형편이 좋지 않아 쪽방에서 굶기를 밥 먹듯 하며 지냈다는데 세잔은 많이 달랐다. 강경한 아버지를 어머니가 설득하여 금전적 지원을 시작하자 여느 화가

지망생들과 달리 부유한 형편에서 그림을 그릴 수 있었다. 그때 만 해도 화가들의 형편이 그다지 좋지 않았고, 특히 무명 화가 들의 생활고는 이루 말할 수 없었다고 한다. 빵 한 조각으로 하루를 견디기도 했고, 전염병이 돌면 더러운 환경으로 병에 걸릴까 봐 전전긍긍하기도 했다고 한다.

그러나 세잔은 은행가로 성공한 아버지로부터 많은 도움을 받으면서 편안히 작업할 수 있었다. 훗날 그가 회고한 바에 따르면, 이런 환경을 만들어 주신 아버지에게 사랑과 감사의 마음을 평생 잊지 않았다고 한다. 또한 좋아하는 것을 위해 안락한 모든 조건을 버리고 파리로 탈출한 자신에게도 만족하며 작품활동을 했다고 한다.

내가 세잔을 극단적으로 사랑하는 이유는 다름 아닌 전공을 바꾼 과거 경력 때문이다. 물론 내가 이과에서 문과로 옮긴 것과 세잔이 화가로 전향한 것은 그 무게가 다르지만, 나는 그 이유로 그에게 빠져들었다. 나는 아버지의 권유로 이과를 택했지만 공부하다가 지쳐 고3 때 문과로 옮겼다. 그래서인지 부모의 강요를 뿌리치고 자기의 길을 간 사람들에게 박수를 아끼지 않는다. 아마 나의 학창시절 진로 문제가 오버랩되면서 동일시 효과가 나타나는 것 같다.

내가 진로 문제로 가장 고민했던 시점으로 돌아가면 정말 단 하루도 편할 날이 없었다. 당연히 수포자요, 물리나 화학은 눈에 단 한 글자도 들어오지 않았으니 어찌 편안하고 행복할 수 있었겠는가? 대학 졸업을 앞두고 신문사 기자시험을 봤지만 낙방하고 좌절하기도 했다.

그러한 상황에서 '카피라이터' 모집공고를 보고 달려간 곳이 나의 첫 번째 직장인 '정식품'이다. 들어가자마자 회사 사보를 창간하고, 신문과 방송에 내보내는 홍보기사를 작성하며, 과장님과 함께 다니면서 악성기사를 막기도 했다. 카피라이터 일은 그리 많지 않고 다른 홍보 일이 메인이라 점차 흥미를 잃어갔다. 당시 광고대행사들이 광고계의 전면에 나서면서 비약적으로 발전했다. 나도 점점 이직에 대한 생각을 구체화하기 시작했다.

그리고 롯데그룹 계열의 대홍기획에 경력 카피라이터로 옮기게 되었다. 정식품에서 엄청난 일을 했지만 불평이 없었던 것은 내가 좋아하는 일을 했기 때문이다. 많은 동기들이 자기 부서의 불만을 이야기하고 술집에서 시간을 탕진할 때 나는 카피라이터 교육기관을 찾아가 공부하기 시작했다. 그때 만난 카피라이터들은 대한민국 광고계를 호령하는 사람들이었다.

그러니 나는 얼마나 신이 났겠는가? 그분들이 내주신 과제는 어떤 상황이 와도 전부 다 하고 발표에 앞장섰다. 실무에서 배울 수 없는 업무를 사설 교육기관에서 공부하고 연마했던 셈이다. 내가 훗날 한국방송광고공사에서 카피라이팅 강의를 했던 것도 돈이나 명예 때문이 아니라 후배들의 배움에 대한 열망을 채워 주기 위해서였다.

이런 과거경험 때문인지 몰라도 나는 자기 인생을 자기 뜻으로 개척한 사람들을 좋아하게 되었다. 그런 나의 취향에 폴 세잔은 적격이었다. 사람을 좋아하는 데는 다 각자의 이유가 있을 것이다.

아마 세잔도 처음에 다른 일을 하다가 화가의 길에 들어섰기에 그것을 만회하고자 남다른 노력을 쏟았을 것이다. 그런 그의 치열함이 그를 많은 화가들이 추앙하는 대가로 만들지 않았을까? 그는 피카소, 앙리 마티스, 폴 고갱, 칸딘스키 등으로부터 무한한 존경을 받는 화가로 우뚝 섰다. 특히 피카소는 그를 '회화繪畵의 아버지'라고 칭송하는 데 주저함이 없었다. "나의 유일한 스승, 세잔은 우리 모두에게 있어 아버지와 같은 존재였다'라고 회상했을 정도다. 그만큼 그는 현대미술 태동기에 없어서는 안 될 중요한 화가가 된 것이다.

한편 그는 소설가 에밀 졸라와 30년 넘게 우정을 쌓으며, 서로 작품의 영감을 주기도 했다. 그러나 에밀 졸라가 1886년에 발표한 〈작품〉이라는 소설의 주인공 문제로 두 사람의 우정은

내가 세잔을 극단적으로 사랑하는 이유는

다름 아닌 전공을 바꾼 과거 경력 때문이다.

물론 내가 이과에서 문과로 옮긴 것과

세잔이 화가로 전향한 것은 그 무게가 다르지만,

나는 그 이유로 그에게 빠져들었다.

끝나 버렸다. 소설의 주인공인 '클로드 랑티에'는 심리적으로 불안하고 성적 매력도 없고 실패한 화가로 묘사되는데, 세잔은 이 인물을 자기라고 오해하면서 두 사람은 등을 돌리고 말았다.

2000년에 엑상프로방스로 여행 갔을 때 그를 만나고 싶다는 생각이 들었다. 내가 묘지에 들어서자 안내원이 폴 세잔 묘를 찾느냐고 물었다. 한국 관광객이 여기 오는 이유는 그의 묘를 보기 위해서라며 'Are you Korean?'이라고 물어왔다.

폴 세잔의 성장사에서 동질감을 느낀 나는 점점 더 광적인 그의 팬이 되었다. 우리나라에서 열리는 그의 전시회는 모두 찾아가 보았다. 메인 작품이 아닌 소품이 들어와도 관람했다. 언젠가 홍콩 여행을 갔다가, 길에서 폴 세잔 전시회 포스터를 발견한 적이 있다. 나는 그날 모든 여행 일정을 취소하고 전시회를 보러 갔다. 그날 안 보면 한참 후에야 볼 것 같은 불길한 예감이 들어 과감히 그날 여행 스케줄을 모두 취소하고 하루를 온전히 폴 세잔에 빠진 경험이 있다.

폴 세잔이 사과 하나로 파리를 놀라게 하려 했다면, 나는 시한 줄로 김소월이나 윤동주를 능가하는 시인이 되고자 했다. 중학교 때부터 시작했던 시 창작을 고 1에 이르러 본격적으로 했다. 그때는 시 외에는 내 삶의 중요한 것이 아무것도 없었다. 내 관심사는 오로지 시뿐이었다.

고3 때 담임선생님께서는 내가 줄줄 외우는 시의 양은 명문대 국문과 학생보다 많다고 칭찬해 주셨다. 무엇보다 출품 때마다 선생님과 선배가 늘 이번에는 당선될 것 같다는 희망 고문을 해주셔서 나는 진짜 시인이 된 줄 알고 생활한 적도 많았다. 어디를 가나 시작노트를 끼고 다녔다. 힘이 되고 영감을 주는 글 하나, 문장 하나가 있으면 메모지에 빼곡히 썼다. 그때 생긴 메모 습관이 지금까지 지속되고 있다. 그 덕분에 좋은 광고, 좋은 카피를 썼던 것 같다.

아마도 직업으로 카피라이터로 선택하고 지금까지 계속하는 이유는 그때 그 시절, 시인으로 등단하지 못한 아쉬움 때문인지도 모르겠다. 헤드라인 하나를 때로는 시 제목처럼 생각하고, 제품을 설명하는 바디카피를 시 내용처럼 여기며 작업하기도 했다.

폴 세잔을 만날 때마다 나는 고교시절로 돌아간다. 시 하나에 별을 헤아린 윤동주처럼 그때는 나도 시인이었으니까!

선운사에서

나는 조금 방랑기가 있어 여행을 많이 하는 편이다. 지금이야 가족과 떨어져 살기에 그럴 기회가 적지만 아이들이 있을 때는 산으로 들로 자주 나갔다. 이제 성인이 된 아이들은 인터넷이 발달하지 않았던 시절에 내가 맛집을 찾기 위해 헤매던 장면이 아직도 눈에 선하다고 한다.

강원도 진부령의 맛집에 가서 비빔밥을 먹는 동안 나는 왜 여기가 맛있는지, 겨울에 나물을 어떻게 보관해서 제맛을 살리는 지 등을 알고 싶어 했다. 요즘 말로 콘텐츠에 대한 호기심이 많았던 것 같다.

내 여행법은 지도가 맞는지 확인하는 것이 아니라 그곳에서 사람을 끌어들이는 콘텐츠가 무엇인지 궁금해 하며 찾아가는 것이다. 사람들이 많이 찾는 곳은 대부분 스토리텔링 요소, 즉 콘텐츠가 있는 곳이 많다. 단순히 먹고 마시는 여행보다 낯선 곳의 사람 사는 이야기에 더 관심이 많아지면서 여행산업이 발전하는 것 같다.

내가 고창 선운사를 자주 여행하게 된 것도 사실 최영미 시인의 시가 절대적 영향을 끼쳤다. 한 번도 가 보지 않았던 선운사를 매년 행사처럼 찾게 된 것은 최영미 시인의 〈선운사에서〉를 읽고 나서부터다. 어떻게 이토록 훌륭한 시를 쓸 수 있었을까? 선운사에서 무엇을 보고 이런 시를 떠올릴 수 있었을까 궁금했다.

그래서 찾아가게 된 선운사는 이제 나만의 비밀 여행지가 되었다. 특별한 그 무엇이 있는 것은 아니지만 고즈넉한 사찰 입구를 걷다 보면 많은 것을 생각하게 된다. 반성할 일도, 후회할 일도 많지만, 이상하게 선운사를 찾은 날에는 삶의 희망 같은 것을 느끼곤 한다.

그 비밀은 아마도 최영미 시인의 시가 결정적으로 영향을 미친 것 같다. "꽃이 피는 건 힘들어도／ 지는 건 잠깐이더군"이라는 첫 소절이 가슴을 철렁하게 만들었다. 이 부분 때문에 한동안 시 전문을 줄줄 외우고 다녔다. 또 이 시를 접하고 나서 그 주의 휴일에 무작정 선운사를 찾은 기억이 있다. 도대체 시인은 선운사에서 무엇을 보고 이런 아름다운 시를 쓸 수 있었을까 해서였다.

선운사 입구를 몇 번이나 오르락내리락해 보았다. 길가에 피어 있는 이름 모를 꽃들을 보면서 "꽃이 피는 건 힘들어도/ 지는 건 잠깐이더군"이라는 시구를 느껴 보았다. 굳이 거기에 가지 않아도 느낄 수 있는 내용이지만, 같은 장소에서 바라본 꽃은 그냥 꽃이 아니라 최영미 시인의 꽃이 그대로 느껴졌다. 꽃이 피고 짐을 자연의 섭리로만 알고 지나던 때와 다르게 의미를 생각하게 하는 힘을 느낄 수 있었다.

길가에 핀 이름 모를 꽃을 예전엔 그냥 지나쳤지만 최영미 시인을 만나고 나서 관심도가 완전히 달라졌다. 예전엔 아는 꽃에만 관심이 있었고 이른바 선물을 하는 꽃 정도만 알았지만, 이제는 모르는 꽃을 만나도 촬영해서 확인해 본다. 이름을 알게 되면 관심이 달라진다.

마치 김춘수 시인의 시 〈꽃〉처럼. 이름을 불러 준다는 것은 관심이요, 관계설정이다. 우리가 초등학교에 들어가서 서로 이름을 부르면서 친구가 되었다는 사실을 떠올리면 절로 고개가 끄덕여질 것이다.

예전에는 여행이란 내가 어디 갔다 왔다가 전부였다. 다녀온 곳이 많다는 것이 자랑의 중심이었다. 이제는 여행 간 곳에서 보고 느끼고 체험하고 생각하는 것이 중요한 시대로 변화한 것 같다. 어디를 갔다 왔다가 중요한 것이 아니라 그곳에서 내가

선운사를 매년 행사처럼 찾게 된 것은

최영미 시인의 〈선운사에서〉를 읽고 나서부터다.

고즈넉한 사찰 입구를 걷다 보면 많은 것을 생각하게 된다.

반성할 일도, 후회할 일도 많지만, 이상하게

선운사를 찾은 날에는 삶의 희망 같은 것을 느끼곤 한다.

느끼고 체험한 것을 내 삶의 일부로 받아들이고 간직하는 것이 일상화되고 있다. 매우 긍정적인 변화라고 생각한다.

깃발을 앞세운 패키지 관광을 서구 언론이 비아냥거렸지만, 이런 여행 경험들이 축적되면서 혼자 생각하는 여행이 안으로부터 생겨난 것이라고 생각한다. 나를 일상에서 자발적으로 고립시키고 생각하는 과정이 여행의 본질이라고 생각한다. 맛있는 음식을 먹든 신기한 것을 체험하든 그것이 내 삶을 요동치게 하는 요소가 된다면 좋은 여행이라고 본다.

그래서 나는 인생을 풍요롭게 하는 것 중 하나로 여행을 권한다. 내 삶을 풍요롭게 한 것도 독서와 여행이다. 책은 언제나 읽을 수 있어 가장 적은 비용으로 효과를 극대화할 수 있는 인생의 동반자다. 나는 여행을 갈 때면 그 상황에 맞는 책을 선정해 두세 권 가지고 간다. 단 한 줄을 읽더라도 책을 가져가는 것이 습관이 되었다.

어느 겨울, 마닐라에 골프 여행을 간 적이 있는데, 그때도 평소처럼 책을 두 권 가져갔다. 아침에 호텔 조식을 먹고 골프장에 갔는데 밤새 읽다가 중단한 책의 다음 내용이 너무 궁금했다. 마음이 다른 데 가 있어서인지 골프 스코어는 엉망이었다. 빨리 끝내고 책의 다음 내용을 읽고 싶었다.

이른 저녁을 먹은 후 각자 방에서 샤워하고 한숨 자고 나서 카지노에서 만나기로 했지만, 그날 나는 밤새 그 책과 씨름했다.
다음 날 아침 레스토랑에서 만난 다른 일행들은 어깨가 축 늘어
진 것으로 보아 카지노에서 상처를 받은 것 같았다. 그에 비해
카지노에 가지 않고 책을 읽은 나는 돈도 벌고 마음의 재산도 쌓
았으니 두 배로 부자가 된 듯했다.

여행이 사람을 만든다

나의 여행의 취향은 아버지의 유산인 것 같다. 아버지께서는 일제강점기에 중국에서 대학을 다니셨을 정도로 한 곳에 정착하지 못하시고 세상을 방황하신 듯하다. 얼마나 괴로웠겠는가? 한국 사람이 자기 나라 말을 쓰지 못하고 일본인들의 수하가 되지 않으면 취업도 힘든 상태이니 ⋯. 아버지는 대학을 졸업하고 가족 부양을 위해 할 수 없이 마음에도 없는 직장생활을 해야만 했다.

아마도 아버지의 방랑기가 고스란히 나에게 전해진 듯하다. 대학 1학년 때 신춘문예에 네 번째로 낙방하고 무작정 혼자 떠난 곳이 강릉이었다. 그때만 해도 겨울에 여행 다니는 사람들이 적어서 경포대 앞 여관들은 연탄값 정도만 주어도 1박을 할 수 있었다. 그런 경포대 겨울바람은 속절없이 셌다. 마치 원한 있는 여인의 한스런 울음처럼 처절하게 들렸다. 그때 나에게는 ⋯.

국내든 해외든 시간이 되면 아무 계획 없이 떠날 때가 많다. 대부분의 사람들이 계획을 세우고 가지만, 나는 흥미를 느끼는 도시나 스토리가 있는 곳을 시간의 빈틈을 이용해 여행하곤 한다. 여행의 묘미가 모르는 곳에 대한 호기심이요, 나와 다르게 사는 사람들의 흔적을 보고 느끼는 것이라고 생각하기 때문에 장소가 정해지면 다양한 검색을 통해 알아보고 가는 게 일반적이다.

검색할 때 내가 가장 중시하는 것은 그 도시의 역사다. 어떻게 도시가 생겨났고 그곳에서 사람들은 어떻게 살아갔는지 알아보는 것이 내 여행법 중 하나다. 지금 보면 화려해 보일지 모르나 각 도시에는 지금까지 내려온 역사가 있다. 그것이 흑역사이든 영광의 역사이든 그곳만이 가진 콘텐츠이므로 하나씩 알아보고 즐기는 것이 여행의 첫 번째 묘미라고 생각한다. 눈으로만 보고 오는 여행이 아니라 오감으로 체험하고 마음으로 느끼는 여행이 내 여행법이다.

우리나라 사람들이 자주 이용하는 패키지여행은 아이쇼핑하듯 여기저기 찾아가고 겉핥기식 여행을 한다. 꼭 나쁘고 잘못된 여행이라고 말할 수 없지만 내 여행 취향에 맞지 않아 이런 여행은 잘 가지 않는다. 물론 어리고 경험 없을 때는 이렇게라도 밖으로 나가곤 했지만, 지금은 특별한 경우가 아니고서는 천천히 음미하는 여행을 택한다.

내가 대학 1학년 때 송광사에 간 것도 절을 보러 간 것이 아니라 《무소유》라는 책을 읽고 감명받아 직접 법정 스님을 뵙고 싶어서였다. 송광사에서도 한참을 걸어 들어가야 하는 '불일암'이라는 작은 암자에 기거하실 때였다. 그때만 해도 스님을 찾아오는 사람들이 그리 많지 않아 비교적 쉽게 찾아뵐 수 있었다.

스님은 "어디서 왔는가? 몇 살인가?" 묻더니 "자네에게는 풀냄새만 나겠지만 좋은 차이니 마셔 보게"라며 차를 내주셨다. 스님 말씀대로 20살배기 청춘에게 차는 그냥 풀냄새만 났지만 최고의 지성에게서 직접 차 대접을 받았다는 사실 자체가 영광이요 자랑거리였다.

한때 나는 법정 스님과의 만남을 내 자랑의 첫 번째로 꼽은 적이 있었다. 종교는 달랐지만 그분의 아우라는 내가 지금껏 만난 그 어떤 분보다 강렬했다. 나는 지금까지도 송광사를 잊지 못한다. 법정 스님께서 입적하셨다는 소식을 듣고 그날 하루는 그분을 추모하며 보냈다. 돌아가시기 전까지는 서울의 길상사에 계셨던 것으로 안다.

찾아간다 찾아간다 하던 중에 돌아가셨다는 뉴스를 접하고 얼마나 후회했는지 모른다. 역시 사람은 기다려 주지 않는다는 말이 맞다는 생각을 또다시 해보는 계기가 되었다. 그래서 지금은 생각나서 만날 사람이 있으면 미루지 않는다. 전화해서 안부를 전하고 "다음에 뵙죠" 대신에 "언제가 편하세요? 날짜 두세 개 주시면 제가 맞춰 찾아뵙겠습니다"라고 한다.

어머니 노후에 벼르고 약속한 것 단 하나도 못해 드리고 작별한 것이 후회막급하여 아버지는 비교적 자주 찾아뵙고 식사도 같이했다. 다만 아버지의 젊음이 있는 만주 봉천전문대에 함께 가자고 한 약속을 지키지 못하고 아버지와도 이별하게 되어 또 후회하고 후회했다.

부모님과 이별하면서 난 한 번도 효도했구나 하는 생각을 하지 못했다. 부모님과 허망하게 이별하고 자주 찾아가는 곳이 용인이다. 선산에 부모님을 모시려다 너무 멀어서 용인에 모셨다. 가까이 계시니 그래도 1년에 서너 차례는 찾아뵙는다. 부모님이 계신 용인에 가면 나는 언제나 4남매의 막내로 돌아간다. 항상 인자한 얼굴로 나를 맞이해 주시는 것 같아 다녀오면 기분이 평온해진다. 이것이 부모 자식 간에 이어져 있는 끈끈함인 듯하다.

전남 보성을 사랑하고 자주 가게 된 것은 녹차의 매력에 빠지면서부터다. 보성에 가면 처음엔 차밭의 풍광에 매료된다. 그리고 다원茶園에서 내주는 차 맛을 보면 녹차에 빠져들게 된다.

특히 녹차가 만들어지는 과정을 보면 세계 어느 명차보다 낮다는 생각이 든다. 마음으로 눈으로 코로 마지막엔 입으로 느껴지는 보성 녹차는 지금까지 마시는 나의 첫 번째 차가 되었다. 제조과정의 정갈함과 정성은 말로 표현하기 어려울 정도다. 단순히 상품을 만드는 작업이 아니라 최상의 차 맛을 내기 위해 과정 하나하나에 쏟는 정성과 노력이 위대하고 아름다웠다.

서울에서 마시던 녹차는 그냥 차에 불과했지만, 보성 녹차는 만드는 과정을 보고 차가 아니라 예술작품이라고 생각하게 되었다. 찻잎을 따고 씻고 덖는 정성을 보면서 녹차를 그냥 차라고 부르기가 미안해졌다. 보성 녹차밭을 여행하고 난 후 녹차 애호가가 됐음은 두말할 필요가 없다.

20여 년이 지난 후에 다시 찾아간 보성 녹차밭은 내가 처음 찾아갔을 때 느낌 그대로였다. 그래서 반가웠고 안심되었다. 이름이 좀 나면 관광지가 되어 완전히 달라지는데, 이곳은 그때 그 느낌 그대로였다. 녹차만큼 깔끔했고 속이 개운해졌다.

고등학교 수학여행으로 갔던 경주를 다시 찾은 것은 왕들의 이야기를 소개한 TV 교양프로그램을 보고 그 현장을 답사하기 위해서였다. 경주는 결코 배반하지 않고 나의 지적 갈망을 충족시켜 주었다. 건물만큼 큰 왕릉에 감탄하던 과거 여행과 달리 왕 한 명 한 명의 통치철학과 업적, 당시 시대상과 생활상을 찾아보면서 새로운 경주와 만날 수 있었다. 경주 최부잣집을 보면서 우리나라식 노블레스 오블리주를 배웠다. 좋은 스토리를 다른 나라에서만 찾을 게 아니라 우리나라에서 발굴하고 만든다면 더욱 의미 있을 것 같았다. 내가 은퇴하면 이런 봉사활동을 하는 것도 보람 있겠다고 생각했다.

절망 끝에 찾은 부산 태종대는 나를 가만두지 않았다. 떨어져 죽든지, 그 정반대로 살려면 얼마나 치열하게 살아야 하는지 알려 준 철학책 같은 곳이었다. 수없이 부서지는 파도를 보면서 내 삶도 저렇게 치열하게 살아야겠다고 반성하고 서울로 돌아왔다.

실향민들이 많이 모여 사는 속초에서 냉면을 먹을 때는 결국 뿌리를 잃지 않고 견디면 언젠가는 다시 고향에 가겠지 하는 그들의 피 끓는 한을 냉면 가닥 하나하나에서 느꼈다. 고향이 그리워서 또는 옛날 어머니 손맛을 느끼기 위해 빚었던 만두와 냉면은 이제 전국권 맛집이 되었다.

주말이면 가끔 가는 양평에서는 40여 년이 되었지만 잘되는 식당과 갈 때마다 간판이 바뀌는 집의 차이는 단순히 음식 맛만이 아님을 깨달았다. 두 번째는 찾아온 손님에 대한 배려라고 생각한다. 소문난 집을 찾아가면 단순히 음식만 팔지 않는다.

그들은 음식을 파는 것보다 찾아오는 사람들에게 초점을 맞춘다. 여름이면 줄 서 있는 손님들이 미안하고 고마워서 시원한 차를 대접하는가 하면, 겨울철에는 따뜻한 차로 몸과 마음을 녹여 주기도 한다. 어찌 음식 맛만 있어 가겠는가? 이런 아름다운 마음이 고객 한 분 한 분의 마음까지 움직이는 것 아닐까?

대학 1학년 때 초등학교 첫사랑을 만나기 위해 전주를 찾았다. 그 짧은 시간 만나고 '다음'이라는 한 마디 약속이나 기약도 없이 돌아선 그녀가 미워서가 아니라 마음을 잡지 못한 내가 바보 같았다. 그때 찾은 식당에서 '첫사랑은 원래 이뤄지는 게 아니야' 하면서 스스로 위로하며 술 마신 기억이 지금도 생생하다.

혼자 들어간 내 인생 첫 번째 술집에서 단돈 2천 원에 밥과 막걸리 한 주전자를 주시면서 계속 내 눈치를 살피던 할머니가 떠오른다. 그때 그 할머니에게서 첫사랑 여자에게는 없는 사람 냄새를 맡으며 세상은 살 가치가 있다고 그 어린 나이에 깨달았다.

예전에 여행은 내가 어디 갔다 왔다가 전부였다. 다녀온 곳이 많다는 것이 자랑거리였다. 이제는 보고 느끼고 체험하고 생각하는 여행으로 변하고 있다. 멋진 풍광도 좋지만 그곳에서 살아가는 사람들의 이야기를 들으면 내 삶의 기준점이 깊어지고 넓어짐을 느낀다. 그래서 여행은 나에게 인생의 교과서다.

예전에 여행은 내가 어디 갔다 왔다가 전부였다.

다녀온 곳이 많다는 것이 자랑거리였다.

이제는 보고 느끼고 체험하고 생각하는 여행으로 변하고 있다.

멋진 풍광도 좋지만 그곳에서 살아가는 사람들의 이야기를

들으면 내 삶의 기준점이 깊어지고 넓어짐을 느낀다.

음식 맛의 절반은
추억이다

tvN에서 2018년 9월 5일 방송된 〈수미네 반찬〉은 도쿄에서 동포들을 위한 이벤트로 진행되었다. 탤런트 김수미 씨 노하우로 만든 1,500개의 반찬을 사기 위해 교포들이 줄을 길게 섰고, 이벤트가 끝나는 시간까지 인파가 줄지 않았다. 식당에서 식사하는 교포들은 누구나 함박웃음을 지으며 "엄마 맛이야", "일본에서는 안 나는 맛이야", "음식을 먹고 치유가 됐어"라며 허겁지겁 밥그릇을 비웠다.

그들이 음식 맛을 이야기하면서 빠지지 않고 한 말은 다름 아닌 '엄마 맛'이었다. '엄마 맛'이 얼마나 그리웠겠는가? 생각해 보면 고국을 떠나 각박한 이민자의 삶을 살면서 어머니가 해주신 밥과 반찬은 음식을 넘어 마음의 치료제였을 것이다. 향수병을 낫게 하고 마음을 치유하는 링거 같았을 것이다.

242

나도 비슷한 경험을 한 적이 있다. 1996년 1월에 뉴욕으로 장기연수를 갔을 때였다. LG애드에서 첫 번째로 해외 장기연수의 기회를 얻어 떠났다. "김 부장님이 첫 번째로 해외연수 가는데 개판 치면 후배들 하나도 못 간다"는 인사팀의 신신당부도 있었지만, 선후배들은 그동안 일만 했으니까 실컷 놀다 오라는 격려가 대부분이었다. 지금처럼 해외여행이 자유롭고 흔할 때가 아니어서 나는 흥분 반 두려움 반 상태였다.

우선 짧은 영어실력으로 수업을 들을 수 있을 것인가 두려움이 앞섰지만, 말은 딸려도 실무에서는 학생들과 경쟁이 안 될 것이라는 자신감이 있었다. 솔직히 두려움보다 설렘이 더 컸다. 무엇보다 나를 흥분시킨 것은 내가 뉴욕에서 6개월 동안 생활한다는 사실이었다.

내 나이 사람들은 안다. 우리에게 미국이 얼마나 흠모의 대상이었지! 초등학교 교실에서 인기 짱은 '미제' 학용품을 하나라도 가진 친구들이었다. 연필 한 자루, 지우개 하나는 그냥 학용품이 아니었다. 일종의 권력이요 부러움의 대상이었다. 남대문시장에서 구입한 미제 소시지를 도시락 반찬으로 싸간 날이면 반은 맨밥을 먹어야 할 정도로 인기가 많던 시절이다. 그렇게 우리에게 미제는 절대 권력이었다.

그런데 미국의 심장인 뉴욕에 가다니 이것은 보통 사건이 아니었다. 여름휴가 1주일도 늘 못 갔던 내가 회사를 떠나 6개월 간 뉴욕에서 지낸다는 것은 내 인생에서 로또 당첨 그 이상의 지 녔다. 이른바 선진광고 기법을 배우고 익혀 대한민국에 접목한 다는 교육목표는 나에겐 메아리에 불과했다. 회사에는 미안하 지만 … .

내가 회사에서 인사발령을 받고 처음 한 일이 중앙일보사에 서 발행한 책 《뉴욕을 간다》를 구입한 것이다. 그때만 해도 뉴 욕은 출장으로 한두 번 갔다 온 사람조차 드물 때였다. 할 수 없 이 뉴욕을 책으로 공부해서 돌아다닐 수밖에 없었다.

1996년 1월 21일.

내가 김포에서 뉴욕발 대한항공 비행기를 탄 날이다. 이날의 기억은 나에게 영원히 잊을 수 없는 흥분으로 남아 있다. 뉴욕 에 도착해 처음엔 좋아하는 미술관을 찾아다녔다. 미술시간에 달달 외웠던 유명 화가들의 원화들을 가까이서 보니 눈부실 지 경이었다. 한편으로는 좋았고, 한편으로는 외우지 말고 그때 여기서 그림을 직접 관람했으면 공부하기 얼마나 편했을까 생각 해 보았다. 내 눈앞에 피카소가 있었고 샤갈이 있었으며 내가 좋아하는 고흐도 있었다.

파슨스에 가서 사전에 연락된 사람과 만났다. 나는 그에게 최 소한의 수업을 듣겠다고 이야기했다. 그는 처음엔 내 요구에 당황해 했지만 설득과 대화로 풀었다. 나는 이런 주장을 펼쳤다. "당신과 내가 비밀로 하면 아무도 모를 일 아닌가. 이 나이에 내가 강의를 들어 공부하는 것보다 뉴욕을 발로 다니며 보는 게 더 나을 듯하다"고 설득해 강의는 최소한으로 줄였다.

영어수업에 대한 두려움도 있었지만 사실 교실보다 뉴욕이라는 도시 자체가 광고인에게는 살아 있는 교과서였다. 호텔방으로 배달되는 신문에 실린 광고며, TV만 켜만 쏟아지는 광고들은 물론이고 거리에서 만나는 사인물, 버스 광고 등을 보는 것이 다 현장 교육인 셈이었다. 지금이야 서울이나 뉴욕이나 별 차이가 없지만 1996년은 그렇지 않았다.

이른바 잘나가는 직장인이어서 포상 연수를 왔지만, 뉴욕에서 나는 정말 초라하기 짝이 없었다. 뉴욕은 광고의 스케일은 물론 우리가 알지 못하는 기법의 광고들이 너무나 많았다. 머리는 고팠고 발은 아팠다. 다닐 수 있는 데는 다 다녔다. 《뉴욕을 간다》라는 책을 들고 유명한 관광 포인트는 물론 레스토랑이며 건물 등 하루에 최소 두 시간 이상 발품을 팔며 뉴욕을 점령해 나갔다.

호텔에 6개월 동안 장기 투숙하며 1주일에 이틀 정도 수업을 듣고 나머지는 온전히 내 개인 시간이었다. 20여 년 동안 일만 하던 나는 자다가 로또 맞은 기분이었다. 일단 광고주가 없어졌

다. 항상 광고주의 오더를 받고 다양한 아이디어를 제안하고 컨
펌받고 광고를 제작하던 20여 년간의 일상이 하루 사이에 사라
진 것이다. 하루 두 시간 이상 걷는 데서 오는 피로감 때문이었
겠지만 외로움에도 편안한 수면을 취할 수 있었다. 눈을 뜨면
오늘의 관광 포인트를 찾는 게 일이었고 고민의 전부였다.

상상으로만 존재했고 뉴스로만 봤던 그곳에, 알량한 영어 실
력이지만 뉴욕의 파슨스에서 공부한다는 것 자체가 크리에이터
인 나에게는 상상 초월의 기회였다. 맨해튼에서 한국인이 경영
하는 스탠퍼드호텔 8층에 장기투숙 계약을 하고 그날부터 나의
뉴욕생활은 시작되었다. 호텔에 짐을 풀고 제일 먼저 한 일은
센트럴파크에 가 보는 것이었다. 뉴욕을 다룬 뉴스나 낭만적인
청춘 영화의 단골 배경이 센트럴파크였기에 서울 촌놈이 뉴욕에
도착하자마자 가장 먼저 가 보고 싶었던 것이다.

옷을 단단히 입고 운동화를 신고 로비에서 그곳에 가는 교통
편을 물어 버스를 타고 갔다. 한겨울임에도 다양한 인종의 사람
들이 두리번거리며 구경하고 있었지만, 영화에서처럼 섹시한
여자들이 조깅하는 모습은 없었다. 생각해 보면 그런 강추위에
누가 조깅을 하겠는가?

서울에서 뉴스를 보면서 '저런 것이 낭만이요, 저런 것이 뉴
요커의 삶이구나' 하고 상상했던 나는 대략 200, 300m를 헉헉

246

거리며 뛰어 보았다. 지나치는 옆 사람들의 시선을 즐기며 '나도 뉴요커다'를 수없이 외치며 달린 것 같다. 지친 몸을 이끌고 나에겐 모두가 신기한 거리를 두리번거리며 그대로 뉴욕 촌놈 짓을 했다.

그리고 호텔에 돌아오니 한쪽에 '감미옥'이라는 설렁탕 식당이 있다. 설렁탕을 주문하니 깍두기가 나왔는데 정말 먹기 딱 좋은 상태로 익어 있어 설렁탕보다 깍두기를 더 먹은 듯하다. 서울을 떠나 뉴욕에서 맛보는 엄마의 손맛 같은 느낌이라고 할까. 앞으로 이어질 녹록지 않은 뉴욕생활에 대한 포상이라고나 할까. 그때의 깍두기는 나에게 그런 의미의 반찬이었다. 아마도 깍두기를 먹으면서 앞으로 펼쳐질 뉴욕생활에 도전정신으로 임할 것을 다짐하지 않았나 싶다.

우리가 커서 먹는 음식 중에는 맛 그 자체보다는 추억으로 먹는 음식이 더 많은 것 같다. 학교 앞에서 불량식품이라고 단속해도 숨어서 떡볶이며 어묵을 먹었던 기억으로 어른이 되어서도 맛있다고 느끼며 먹고 있는 건 아닐까?

뉴욕에서 만난 '감미옥'의 깍두기는 어머니 손맛의 추억을 불러일으켰다. 아들이 좋아한다고, 아들이 잘 먹는다고 어머니는 고무장갑도 끼지 않은 채 매운 손을 마다않고 깍두기를 슥슥 비벼 만드셨다. 다 버무린 후 어머니는 작고 예쁘장한 깍두기를

음식은 추억으로 먹는 것 같다.

기억의 조각 속에 맛있게 먹은 음식의 기억이

또다시 그 음식을 소환하는 것 아닐까?

생각해 보면 우리가 맛있다는 음식들은 언젠가

우리 기억에 맛있게 먹었던 경험이 있는 음식일 것이다.

특히 어머니가 해주신 음식 말이다.

그래서 맛있는 음식은 어머니의 기억인지도 모른다.

하나 골라 내 입에 쏙 넣어 주곤 하셨다. "맛있지?" 하시며 매워서 호호 하는 나를 보고 웃으시던 어머니가 지금도 눈에 선하다. 어렸을 때부터 먹어왔던 그 깍두기를 뉴욕의 한복판에서 만날 줄이야 누가 알았겠는가? 가장 미국적이고 가장 번화한 곳에서 나는 어머니의 기억과 만났던 것이다.

그날 이후 한국에서 오는 선후배나 학교에서 만난 외국 친구들과 식사할 때는 그 식당에서 설렁탕을 먹곤 했다. 설렁탕을 먹은 것이 아니라 깍두기를 먹었다는 것이 더 정확한 표현일 것이다.

음식은 추억으로 먹는 것 같다. 기억의 조각 속에 맛있게 먹은 음식의 기억이 또다시 그 음식을 소환하는 것 아닐까? 생각해 보면 우리가 맛있다는 음식들은 언젠가 우리 기억에 맛있게 먹었던 경험이 있는 음식일 것이다. 특히 어머니가 해주신 음식 말이다. 그래서 맛있는 음식은 어머니의 기억인지도 모른다.

이상을 흠모하고
바스키아를 사랑했다

대략 5년 전쯤 봄날로 기억된다. 바스키아 전을 본 그날 소설가 이상李箱을 처음 만난 날처럼 잠을 쉽게 이루지 못했다. 뉴욕 연수 때 우연히 한 전시회에서 그의 소품을 보고 빠져들었던 기억으로 서울에서 그의 전시회가 열리자마자 가서 관람했다.

장 미셸 바스키아Jean Michel Basquiat는 미술사적으로 크게 평가받는 화가는 아니지만, 나에게는 그 누구보다 큰 울림을 주는 화가이다. 나보다 3년 뒤에 태어난 이 화가의 작품을 뉴욕에 머물던 기간에 우연히 보고 사랑하게 되었다. 동시대에 태어난 화가가 그렇게 유명세를 떨치는데 나는 뭐하고 있나 하는 자괴감에 빠지기도 했다. 마치 청소년 시절 이상을 흠모했던 기억과 비슷한 느낌으로 바스키아를 좋아하게 되었다.

그런 이유에서인지 바스키아 전시회가 서울에서 열린 것은 나에게 커다란 행운이었다. 그의 천재성은 2008년 크리스티 경매에서 입증되었다. 그의 1982년 작 〈무제〉Untitled가 1,352만 2,500달러에 팔려 미술애호가들에게 화제가 된 것이다. 28년이라는 아주 짧은 생을 살다 갔지만, 그의 열정과 천재성은 280년을 살다 간 화가만큼 많은 화젯거리를 남겼다.

버락 오바마Barack Hussein Obama는 2009년 미국 최초의 흑인 대통령이 되었지만, 바스키아는 1980년 말에 이미 세계 미술계의 대통령이 되었다. 그는 1980년대에 미국 미술의 대표적 흐름인 신구상회화, 신표현주의의 대표적 작가로서 그리고 낙서화가 Graffiti로서 명성을 날리고 있었다.

중남미에서 이민 온 흑인 가정에서 태어난 바스키아는 18세부터 집을 떠나 독립적인 삶을 살아가면서 화가의 길을 걸었다. 어렸을 적 어머니와 함께 미술관을 찾은 그는 피카소의 그림을 보고 화가를 꿈꾸게 되었다.

그가 본 그림은 〈게르니카〉였다. 어린 소년에게는 큰 감흥이 없었겠지만, 그 그림을 보고 감동해 눈물을 글썽이는 어머니를 보고 화가가 되기로 결심했다고 한다. 그는 어머니를 매우 사랑했던 것 같다. 아이들은 대개 어머니가 좋아하는 것을 자기도 하고 칭찬을 받으면 더욱 고무되어 열심히 하는 경향이 있다.

화가나 작가들의 어린 시절 회고를 보면, 계획적으로 교육받고 성장하는 경우도 있지만 우연한 기회에 부모가 재능을 발견하고 꿈을 이루는 케이스도 많다. 아마 바스키아는 후자에 속하는 천재인 것 같다. 우리나라의 연예인들 중에 친구가 오디션 가는데 따라갔다가 친구는 떨어지고 본인이 합격했다든지, 언니를 따라 오디션을 봤는데 본인만 데뷔했다고 이야기하는 경우가 있다. 그도 우연한 기회에 화가의 길로 들어선 것 같다.

그는 어릴 때부터 그림 그리기를 유난히 좋아했다. 그의 영재성을 알아본 어머니는 그를 영재들을 위한 학교인 시티애즈스쿨 City-as-School에 보냈다. 그는 친구들과 낙서그룹을 만들어 뉴욕 전역을 돌아다니며 스프레이 낙서로 도배하는 기행을 일삼았다. MoMA 앞에서 그림을 그려 넣은 티셔츠나 엽서를 팔며 전문 작가의 꿈을 키워 나가기도 했다.

지하철과 거리의 낙서로 유명한 그는 어린 시절 교통사고로 병원과 집에 누워 있을 때 어머니로부터 선물받은 《그레이의 해부학》 책에서 많은 영감을 받았다고 한다. 그렇게 연마한 실력으로 흑인들의 우상인 재즈 뮤지션 찰리 파커와 불멸의 기록을 가진 야구선수 행크 아론 등에게 왕관을 씌워 작품을 만들어냈다.

그의 예술적 시도는 정교하지 않았지만, 미국 주류사회에 반기를 드는 거친 표현이 카타르시스를 경험하게 했다. 또한 작품을 완성하는 데 필요한 소재들도 기존 화가들이 사용하는 것을 벗어나 충격을 주곤 했다. 일종의 반항의식으로 흑인들에 대한

252

그의 예술적 시도는 정교하지 않았지만,

미국 주류사회에 반기를 드는 거친 표현이

카타르시스를 경험하게 했다.

그는 흑인 사회뿐만 아니라 주류 백인문화에서도

주목받는 화가로 자리매김해 나갔다.

인종차별 문제를 고발하고, 스스로 몸으로 저항하는 모습을 표현하기도 했다. 그리하여 그는 흑인 사회뿐만 아니라 주류 백인 문화에서도 주목받는 화가로 자리매김해 나갔다.

타임스퀘어 전시회에서 처음 르네를 만나 미술계 주류에 합류하는 행운도 잡았지만, 행복한 일상은 그리 오래 지속되지 못했다. 그는 작품활동에서 오는 스트레스를 코카인으로 해결하곤 했는데 그것이 심각한 중독이 되어, 결국 28살이라는 젊은 나이에 생을 마감했다.

그의 짧은 생을 보면서, 나의 우상인 작가 '이상'을 떠올려 보았다. 두 사람 다 요절한 작가라는 공통점이 있고, 한 사람은 화단에서 한 사람은 문단에서 반항아로 살다 간 천재들이다. 천재들은 하늘이 가끔 시샘 하나 보다. 새로운 것을 창작하는 사람들은 보통 사람들과 다르게 늘 뭔가에 굶주려 있는 것 같다. 안정된 생활보다는 뭔가 결핍에 대한 갈망으로 새로운 것을 만들어내는 특징이 있다. 그래서 창작에는 고통이 수반되고 때로는 그 고통을 견디지 못해 극단의 방법을 선택하는 것 같다.

마약은 창작하는 사람들 손에 잡히는 강력한 유혹 같다. 이를 이겨내야 하는데 머리는 이해하지만 몸은 고통을 감내하지 못하고 나락으로 떨어지는 경우를 종종 본다. 안타깝지만 세상의 이치는 그들에게 관용을 베풀지 않는 것 같다.

인생의 만능키

어린 나이에 미아 패로Mia Farrow라는 여배우에게 매료되었다. 특별히 육감적이고 섹시한 배우는 아니지만, 강한 인상을 남긴 것은 영화보다 그녀의 삶에 대한 철학이었다. 사람들이 대개 영화를 통해 배우를 좋아하게 되는데, 나는 미아 패로의 반듯한 삶의 자세를 보고 그녀를 좋아하게 되었다.

그녀는 한 인터뷰에서 인생을 살아가면서 두 개의 'R'자를 마음의 주춧돌로 여기며 살았다고 했다. 첫 번째 'R'은 'Respect'이고, 두 번째 'R'은 'Responsibility'이다. 즉, 그녀는 다른 사람을 존중하고 자기 의무를 다하는 삶을 자신의 좌우명으로 삼고, 모든 가치판단의 기준을 두 개의 'R'에 어긋나지 않는 것에 둔다고 했다. 어찌 평범한 우리가 이렇게 살 수 있겠는가. 대단한 철학을 가지고 몸소 실천하며 살아온 그녀의 아름다운 삶에 박수를 보내고 싶다.

나도 미아 패로를 따라 살려고 많이 노력했지만 역부족이었다. 그래서 수준을 조금 낮춰 아이들에게 '감사합니다'라는 인사를 자주 하라고 가르쳤다. '감사합니다'라는 인사는 우리가 삶을 살아가는 데 있어 최상의 만능키이기 때문이다. "웃는 낯에 침 뱉으랴"라는 우리 속담처럼 마음으로 전하는 따뜻한 인사는 상대에게 감명을 줄 수 있다.

매사에 감사하는 마음은 인생을 살아가는 데 있어 마음의 생채기를 내지 않는 비결이기도 하다. 만사에 감사한 마음으로 생활하다 보면 나에게 닥치는 불행조차 더 큰 불행을 막기 위한 경고로 받아들여 흔들리지 않게 된다.

능력이 뛰어나지 않은데 대기업 간부까지 지내고 독립하여 내 사업체를 운영한다는 것이 감사한 일이 아니고 뭐겠는가. 나를 믿고 일을 맡기는 광고주가 고맙고, 나를 믿고 함께 일하는 동료가 고맙고, 함께 일하는 협력업체가 감사할 따름이다. 전부 내가 잘나서 가능했던 것이 아니라 함께하는 사람들이 있어 가능했다고 인정할 때 결과치도 좋았다. 또 그런 마음이 인생을 풍요롭게 사는 지름길이라고 생각한다. 내가 잘나서, 내 덕분에, 그런 오만을 버릴 때 함께 일하는 사람들이 도와주고 발전하는 것 같다.

우연히 본 영화 주인공의 삶이 내 인생의 모토가 될 줄은 꿈에도 생각하지 못했다. 그 영화의 배경인 뉴욕은 가 보고 싶은 장소가 되었고, 뉴욕에서 공부하고 싶은 욕망도 생겼다. 그러나 현실은 그렇게 되지 않았다. 대학을 졸업하자마자 취업하고 직장에 들어가 바쁜 나날을 보냈다. 두 아이의 아빠가 되었고, 회사에서는 팀장으로 일에 파묻혀 사는 시간의 연속이었다.

그러던 어느 날 갑자기 회사에서 뉴욕으로 6개월 연수 기회를 주었다. 그것도 파슨스에서 한 학기 공부하는 조건이었다. 파슨스 출신의 후배들로부터 오리엔테이션을 미리 받았지만 내 머릿속은 학교보다는 뉴욕이라는 도시에 온통 사로잡혀 있었다. 뉴욕 관련 책자들을 구입하고 어디에 가야 할지, 무엇을 먹어야 할지, 어떤 것을 즐겨야 할지 스터디하듯 준비했다. 책마다 빨간 줄이 늘어났고, 이미 그곳에 간 듯이 흥분하기도 했다.

내가 치열하게 일하는 중간에 휴식 같은 6개월 연수를 얻은 의미는 무엇일까? 아마도 수험생에게 주어진 긴 방학 같은 것이었으리라. 나는 해외 지사에서 근무한 것이 아니라 6개월간 업무에서 벗어나 재충전의 시간을 갖는 행운을 누렸다. 그것도 당시에는 상상할 수 없던 뉴욕에서!

지금처럼 해외여행이 자유로울 때가 아니었기에 흥분을 감출 수 없었다. 무엇보다 출근하면 아이디어 내고, 의사결정하고, 광고 제작하는 다람쥐 쳇바퀴에서 벗어나 다시 학교에 가서 공

그녀는 한 인터뷰에서 인생을 살아가면서

두 개의 'R'자를 마음의 주춧돌로 여기며 살았다고 했다.

첫 번째 'R'은 'Respect'이고, 두 번째 'R'은 'Responsibility'이다.

즉, 그녀는 다른 사람을 존중하고 자기 의무를 다하는 삶을

자신의 좌우명으로 삼고, 모든 가치판단의 기준을

두 개의 'R'에 어긋나지 않는 것에 둔다고 했다.

부한다는 사실이 흥분되었다. 학점을 따야 하는 것도 아니었다. 몸에 휴식을 주고 머리에 새로운 것을 담는 시간을 기대하며 김포공항에서 뉴욕행 비행기에 타기까지 정말 설렜다.

돌이켜 보면 그때 학교에서 공부한 시간보다 뉴욕이라는 도시를 체험한 것이 내 인생 최대의 행운이었다. 숙소인 한인타운에 있는 스탠퍼드호텔에서 학교까지는 걸어서 30분 정도면 충분했다.

나중에 알았지만 이 호텔은 한국에서 출장 오는 대부분의 비즈니스맨들이 기거하는 곳이었다. 일단 한국어로 자유롭게 말할 수 있고, 저렴하면서도 깨끗하며, 대부분의 투숙객이 한국 사람들이어서 일종의 향수병도 달랠 수 있었다. 급한 일이 있어도 한국 사람들이 많아 해결책을 금방 찾을 수 있었다. 또 서울에서 만날 수 없었던 지인을 호텔에서 우연히 만나는 행운도 있었다.

하루는 로비에서 신문을 읽는데 눈에 익은 사람이 호텔로 들어오는 것이 아닌가? 누구일까 생각하는데 군대에서 같은 내무반 생활했던 고참이었다. 그때는 악명이 높아 접근하기도 어려웠던 사람인데 거기서 보니 너무 반가웠다. "혹시, 박상우 선배 아니십니까?" 하고 다가가자 그는 깜짝 놀라며 나를 반겼다.

그는 군을 제대하고 기독교에 귀의해서 신학공부를 하고 목사님이 되어 있었다. 정말 놀랄 '노'자였다. 후배들에게 구타와 욕설을 일삼던 사람이 거룩한 목사님이 되었다는 사실이 믿어지지 않았다. 내가 20대 때 만난 '박 병장님'은 온데간데없고 멋지고 강한 포스를 지닌 목사님이 되어 있었다. 그와 잠깐 나눈 대화 속에서 미아 패로의 두 개의 'R'자를 느낄 수 있었다.

그는 일을 마치고 서울로 돌아간다고 했다. 그래서 서로 안부를 묻고 명함을 교환했지만, 그 명함을 잃어버리는 바람에 더 이상 연락하지 못했다.

또 하나의 인연은 파슨스에서 만난 벨기에 친구 '안토니오'였다. 나중에 안 사실이지만 그는 벨기에 뉴욕 총영사의 아들이었다. 그는 수업이 끝나면 내 호텔방에 와서 늘 나와 작당했다. 뭐하고 놀까를 궁리해서 다음 날 함께하고, 또 연구해서 다음 날 노는 그런 날의 연속이었다.

하루는 자기 아파트에 가자고 해서 갔는데 그의 아버지가 아들 친구라고 반겨 주었다. 내 친구 안토니오는 흑인인데 그의 아버지는 백인이었다. 술 마실 때 사연을 물어봤더니, 아버지가 외교관으로 처음 발령 난 나라가 벨기에 식민지였던 자이레(현 콩고)였는데 거기서 대학생이던 어머니를 만났다는 것이다. 그의 어머니 집안은 자이레에 하나밖에 없는 베이커리회사 오너

헤밍웨이의 아바나를 가다

아바나에서 헤밍웨이 Ernest Hemingway의 궤적을 따라 그처럼 살아 보기로 했다. 그가 《누구를 위해 종을 울리나》를 썼다는 문도스 호텔을 찾아갔다. 문도스 호텔 511호가 그의 명작을 탄생시킨 산실이다. 511호 안을 들어갈 수 있느냐고 물으니 안 된다고 했다. 할 수 없이 몰래 올라가 511호 앞을 서성거려 보았다. 그 것이 전부였다. 숱한 불면의 밤을 새우며 창작의 고통을 견뎌낸 방, 그는 누구를 위해 수많은 불면의 밤을 지새웠을까?

호텔의 아쉬움을 뒤로하고 그의 단골 카페인 '보데기타 델 메디인'을 찾아갔다. 그가 자주 마셨던 모히토를 주문하고, 그가 자주 앉았다던 자리에 앉아 보았다. 내 순서가 올 때까지 긴 시간이 걸렸지만 꼭 그 자리에 앉아 보고 싶었다. "나의 두 가지 술 모히토와 다이키리"라고 헤밍웨이가 휘갈겨 쓴 글씨가 적힌 종이를 끼워 넣은 액자가 손님들을 맞이하고 있었다. 모히토 한잔을 마셔 보았다. 그가 그렇게 사랑했던 술 모히토! 이방인인 나에게는 헤밍웨이를 기억하는 술 그 이상도 이하도 아니었다.

헤밍웨이는 생의 마지막 7년을 쿠바의 수도 아바나에서 아내와 함께 머물렀다. 아내와 함께 아바나의 '암보스 문도스' 호텔에서 책을 읽고 글을 쓰며, 지겨우면 바다에 나가 낚시를 즐겼다. 밤이면 가끔 '엘 플로리디아' 바에서 칵테일을 마시며 쿠바인들과 교류했다고 한다.

쿠바를 사랑한 헤밍웨이는 혁명 정부의 탄압이 없었다면 아마도 그곳에서 계속 유유자적한 삶을 즐기며 살았을 것이다. 그러나 본인이 계획하고 설계한 대로 되지 않는 것이 인생의 묘미이자 아픔일 것이다. 헤밍웨이는 쿠바혁명 성공 후 외국인 소유재산의 국유화 방침에 따라 집을 몰수당하고, 1960년 7월 미국으로 추방당했다.

쿠바를 방문한 사람들은 공감하겠지만 그들의 청순함과 쾌활함에 반하지 않을 수 없다. 내가 여행했던 2005년에는 미국에 의해 봉쇄되어 있었지만, 그 가운데서도 남미 특유의 쾌활함은 어디에 가도 만날 수 있었다.

1950년대 말 미국의 지원을 등에 업은 바티스타 정권의 독재 치하에서 쿠바 국민들은 신음하고 있었다. 1955년 5월 카스트로는 그를 석방하라는 여론의 힘으로 감옥에서 풀려난 뒤, 멕시코에서 체 게바라를 만나 쿠바혁명을 모의했다. 미국의 지원이 끊긴 바티스타 정부는 쿠바를 몰래 빠져나갔고, 이로 인해 1959년 1월 1일 쿠바혁명이 완성되는 역사적 사건이 일어났다. 혁명의 중심에 피델 카스트로, 체 게바라, 피델의 동생인 라울 카스트로 등 사회주의 혁명가들이 있었다. 그들은 두 차례에 걸친 무장 투쟁을 통해 1959년 1월 바티스타를 몰아내고 혁명에 성공했다.

헤밍웨이가 자주 갔던 호텔과 바는 이미 관광상품이 되어 있었다. 그가 자주 앉은 자리에는 표시가 되어 있어 관광객들은 계속 돌아가며 사진 찍기에 바빴다. 나도 사진을 찍었고, 대문호가 앉아 있던 자리에 앉아 차를 마시며 언젠가는 나도 그와 같은 사람이 되어야지 다짐해 보았다.

신춘문예에 8번을 응모해서 다 낙선했지만 그때도 여전히 시인을 꿈꾸고 있었다. 고교시절 선생님께서 하신 "너는 당선되겠다"는 말씀은 둔한 나를 끝까지 시 쓰고 소설을 창작하게 만들었다. 그래도 지난날을 후회하지 않는다. 그때 노력으로 시인과 소설가는 되지 못했지만 카피라이터로 성공할 수 있었기 때문이다.

글에 대한 미련을 버리지 못한 나였기에 머나먼 쿠바 아바나에서 헤밍웨이를 만난다는 것은 기적이요, 하나의 사건이었다. 그가 자주 갔던 카페와 레스토랑을 가 보고 그가 살던 곳을 기웃거리면서 그가 쿠바에 남긴 것은 문학적 성공보다는 현재 못사는 쿠바에 관광상품 하나를 만들어 준 것이라고 위안을 삼았다.

아바나 바닷가의 둑은 '말레쿤'이라고 부른다. 여기에는 낚시하는 사람들도 있고, 음악을 틀어 놓고 춤추는 젊은이들도 있고, 파도 소리에 달콤한 사랑을 나누는 연인들도 있다. 쿠바의 가난한 젊은 연인들이 눈치 보지 않고 키스하고 사랑의 스킨십을 나누는 모습은 이방인에게는 낯설게 느껴졌다. 젊은 연인들은 밤이 되면 말레쿤에 나와 춤을 추고 사랑을 나누고 불타는 밤을 보내면서 현실의 어려움을 잊는다고 한다.

우리의 눈에 현실이 갑갑해 보여서 그들에게 물어보면 의외의 답이 돌아온다. 그들은 대부분 행복하다고 하며 현재를 즐기는 오늘이 있어 좋다고 대답한다. 행복한 내일을 위해 오늘 고생하자, 오늘은 아끼고 행복한 내일을 위해 저축하자는 우리의 정서와는 180도 다르다. 그들은 오늘이 즐겁고 행복하면 그만이라고 말한다. 비록 가난하지만 사랑하는 사람이 있고, 함께 음악 듣고 춤을 출 수 있어 행복하다고 한다. 나는 이런 현상을 '라틴계 행복'이라고 명명한다.

쿠바는 흔히 사회주의 국가라고 알고 있지만 실제로 경험한 쿠바는 사뭇 많이 달랐다. 내가 방문한 2005년 쿠바는 이제 막 자본주의가 움트던 시점으로, 누구나 돈을 벌면 성공한다는 신분 상승에 대한 욕망이 꿈틀거리고 있었다. 의사 출신의 체 게

아바나 바닷가의 둑은 '말레쿤'이라고 부른다.

젊은 연인들은 밤이 되면 말레쿤에 나와

춤을 추고 사랑을 나누고 불타는 밤을 보내면서

현실의 어려움을 잊는다고 한다.

나는 이런 현상을 '라틴게 행복'이라고 명명한다.

바라의 영향으로 의료기술이 발달한 쿠바는 이웃나라에 의사를 파견하고 환자들을 유치해 돈을 벌기도 한다고 자랑했다.

실제로 쿠바는 의료혜택이 세계적 수준이었고 국가에서 관리하는 시스템이었다. 여자가 임신하면 1주일에 한 번씩 동네 보건소를 찾아가 검진하고 건강을 체크한다고 했다. 내가 이렇게 자세히 알 수 있었던 것은 우리 일행을 통역하는 친구가 쿠바 평양대사관에서 7년 근무했던 경험이 있었기 때문이다. 비록 북한 사투리였지만 능숙하게 우리말을 구사해서 궁금한 것은 모두 자세히 물어볼 수 있었다. 특히 나와 동갑내기 친구여서 더 스스럼없이 지낼 수 있었다.

우리와 다르지 않은 젊은이들의 모습에 처음엔 무척 당혹스럽고 놀라웠다. 가장 큰 쇼크는 호화로운 주거 문화였다. 우리가 한국에 초빙하려는 밴드의 단장이 자기 집으로 우리를 초대해서 거기서 저녁을 먹었는데 수영장이 딸려 있는 대저택이었다. 스페인 지배자가 살던 집이라고 자랑하면서 문화재급 집이라고 입에 침이 마르도록 자랑했다.

그가 일하는 클럽에 초대되어 갔을 때는 그들의 춤에 놀랐다. 관광객과 쿠바 젊은이들이 어울려 신나는 라틴 음악에 맞춰 춤을 추는데 그것은 춤이라기보다는 욕망을 자극하는 애무 같았다. 금방이라도 춤판이 섹스판이 될 것 같은 자극적인 춤이었다. 무대 아래서 구경하던 우리는 흥분의 도가니에 빠져 비명에 가까운 환호를 질러댔다. 아마도 쿠바의 청춘 남녀들은 돌파구가 없는 갑갑한 현실의 탈출구를 댄스에서 찾는 것인지도 모르겠다는 생각이 들었다.

아바나 구시가지는 유네스코 보호구역으로 지정될 만큼 아름다웠다. 스페인 지배 시 지어진 건물들이 유럽의 한 모퉁이 같은 느낌을 풍긴다. 거리를 질주하는 올드카도 볼거리 중 하나다. 〈대부〉 영화에 나올 만한 올드카들이 영업용 택시로 돌아다닌다. 이런 차들도 유네스코 보호품목으로 지정되어 있어 함부로 폐차할 수 없다고 한다. 한국 사람으로서 인상적이었던 것은 기아자동차의 티코가 엄청난 인기를 끌고 있다는 점이었다. 티코는 값싸고 튼튼한 차로 쿠바인들의 인기를 한 몸에 받고 있었다.

아바나에서 차로 2시간 남짓 거리에는 해변 '발라데로'가 있다. 여기서는 유럽의 많은 젊은이들이 태닝과 수영을 즐겼고, 간간이 보이는 동양인들은 대부분 일본 사람들이었다. 해변은 깨끗했고 수심도 깊지 않아 가족 단위로 놀러온 사람들도 많았다. 무엇보다 젊은 남녀들이 육감적인 몸매를 자랑하고 있었다. 우리같이 키 작고 배 나온 사람들은 여기서 노는 사람들과는 인간의 종이 다른 것 같은 서글픔을 느낄 정도였다.

내가 아바나에 다녀온 후에 〈부에나 비스타 소셜 클럽〉이라
는 영화가 들어왔다. 그 영화를 보면서 쿠바에서 누렸던 10일
동안의 호사가 그리워졌다.

나는 이탈리아 시칠리아섬 여행하고 난 후 최고의 여행이었
다고 칭송했었다. 그러나 쿠바의 아바나를 갔다 온 후 나의 핫
플레이스는 쿠바의 아바나가 되었다. 여행에 대한 기준과 가치
가 사람마다 다르겠지만, 나에게 쿠바 아바나는 영원히 잊지 못
할 파라다이스이다.

얼마 전에 쿠바가 미국과 국교를 복원했다는 뉴스를 들었다.
50여 년간 봉쇄되었던 나라의 문이 개방되니 정치·경제적으로
는 성장할 것이 자명하다. 그러나 쿠바를 사랑하는 사람 입장에
서 어마어마한 자본들이 들어와 기존의 아름다운 문화가 망가지
지 않을까 걱정이 앞선다. 이상론에 불과할지 몰라도, 아름다
운 전통과 문화는 유지하면서 경제적 발전을 가속화하여 모두가
잘사는 쿠바가 되길 바란다.

여행 말미에 가이드가 쿠바에 우리나라 독립운동가가 계시다
고 해서 만날 수 있느냐고 물었다. 그는 전화번호를 모르니 그냥
가자고 했다. 나는 아버지가 일제강점기에 중국에서 대학을 다
니셨기 때문에 디아스포라에 관심이 뜨거웠다. 그리하여 쿠바에
서 생각지도 못한 '꼬리아노'를 만나게 됐다.

임은조 선생이 저자에게 선물한 저서 *Coreanos en Cuba*와 친필 편지

쿠바에서 위대한 영웅으로 인정받았지만 우리나라에서는 알려지지 않은 인물, 아버지와 함께 독립운동을 한 독립운동가의 후손, 카스트로와 대학 동기동창으로 인연을 맺고 그와 함께 그리고 체 게바라와 함께 쿠바 독립운동을 한 동양의 꼬리아노, 바로 임은조 선생이다.

그는 쿠바 독립의 영웅으로 추앙되어 국가훈장 8개를 수여받고, 산업부 차관까지 오른 쿠바의 영웅이다. 1995년에 한국 정부 초청으로 훈장을 받고 아버지 임천택의 나라를 다시 생각하게 되었다고 한다.

내가 그를 만난 것은 2005년 여름이었다. 그는 자신의 집을 찾아온 나에게 차를 대접하고, 저서에 한국 이름 '임은조'를 정성스럽게 써서 선물해 주면서 한국에 가서 읽어 보라고 했다. 남루한 집에서 살았지만, 아버지에 대한 자랑스러움과 자신이 걸어온 길에 대한 자부심이 대단했다.

한두 해가 지난 어느 날 TV에 그가 나왔다. 독립운동가 후손으로⋯. 친구 같았다. 세월이 흘러 더 연로해 보였지만, 그는 쿠바에 있는 내 친구 '헤르니모 임', 임은조 선생이다.

5

/

있는 그대로 사랑하기

/

사랑은 거짓이 없어야 한다.

사랑은 있는 그대로를 가슴으로 품는 것이다.

다른 사람과 비교해서 부족한 것이 있더라도

그럼에도 불구하고

따뜻한 마음으로 안아 주는 것이다.

그것이 진정한 사랑이다.

그러기 위해선

세상을 따뜻한 마음으로 바라보기가

그 첫 번째다.

Red is the first color!

언젠가 책에서 읽었는지 신문 칼럼에서 읽었는지 기억은 가물가물하지만, 내 스크랩 노트에 "레드는 컬러의 제왕이다 — 괴테"라고 적혀 있다. 그냥 메모만 있는 것이 아니라 처음엔 검은색 만년필로 썼다가 성에 차지 않았는지 빨간색 사인펜으로 밑줄을 몇 번이나 그어 놓았다. 메모 당시의 내 이런 행태로 보아 아마 이 글을 어디서 읽었는지 몰라도 적지 않은 충격과 감동을 받았음이 분명하다.

광고에서 빨간색이 주는 임팩트는 분명 강하다. 그러나 과유불급過猶不及이라고, 너무 지나쳐서 강조하는 것이 무엇인지 혼돈스럽고 죽도 밥도 안 되는 경우가 종종 있다.

빨간색에 경외감을 가졌던 나에게 또 하나의 충격적 광고가 뒤통수를 '땡' 하고 친 적이 있다. 일본 시세이도의 립스틱 광고 카피로 '제왕'과 맞먹는 정의였다.

"Red is the first color."

레드 립스틱이 상징하는 여자의 심리상태는 여러 가지라고 생각한다. 첫 번째는 영화나 소설에서 많이 나오는 유혹의 컬러다. 여자 스파이가 적성국의 고위직 남자를 유혹할 때 사용하는 마술봉도 빨간 립스틱이었고, 부를 가진 남자를 굴복시킨 것도 빨간 립스틱이었다. 어릴 적 영화나 드라마를 볼 때 빨간 립스틱의 보이지 않는 힘은 무엇인가 고민한 적도 있었다.

나에게는 이상한 언어습관이 있다. 평생 카피라이터로서 말과 글로 먹고사는 사람인데, 웬일인지 빨간색만큼은 '빨강'보다 '레드'라는 단어를 더 즐겨 쓴다. 그렇다! 빨간색은 이상하리만치 '빨강'이라고 부르지 않고 '레드'로 불렀다. 다른 색은 우리말로 그대로 부르면서 유독 이 색만큼은 똑같은 의미를 나타내는데도 '빨강'이 아닌 '레드'라고 불렀다.

아마 내 또래들에게 흔히 있는 '레드 콤플렉스' 때문인지 모르겠다. 즉, 공산당의 상징으로 여겨 '빨강'을 굳이 '레드'라고 부르는 것 같다. 공산당을 '빨갱이'라고 부르는 나라에서 교육받고 자랐고, 둘로 나뉜 나라 중 한쪽을 '빨갱이 나라'라고 지칭하니 내 또래는 빨간색에 태생적 거부감이 있는 듯하다. 물론 광고를 업으로 하는 나에게 레드는 색 중에 색이요, 색의 제왕이다. 레드

레드는 불경한 경외심을 가진 컬러라고 감히 말하고 싶다.

세상의 어떤 컬러가 레드의 강렬함을 대신하겠는가?

세상의 무슨 컬러로 끓어오르는 분노를 표현할 수 있겠는가?

세상의 어떤 컬러로 뜨거운 열정을 표출할 수 있겠는가?

만큼 강하고 메시지가 선명한 컬러는 없기 때문이다.

어릴 적 학교든 학원이든 선생님께서는 중요한 것이 있으면 모두 빨간색으로 '밑줄 쫙'을 외치셨다. 6·25에 대한 포스터를 그리라면 으레 빨간색투성이의 그림을 그리곤 했다. '잊지 말자 6·25!'라는 제목도 빨간색이었고, 살육하는 장면도 모두 새빨간 피가 흥건했다. 우리는 학교 들어가는 순간부터 빨간색에 대한 불경스런 상상을 하면서 자란 것 같다.

강조를 하거나 공산당과 관계된 이미지를 만들 때도 가장 먼저 쓰는 컬러는 빨간색이었다. 내가 어릴 때 대통령에 출마한 김대중 전 대통령에 대한 묘사 중 빠지지 않는 것은 '레드 콤플렉스'였다. 아이들의 욕 중 가장 센 욕도 '빨갱이'였다. 빨간색이 색의 제왕이었듯 어린 시절 욕의 끝판왕도 '빨갱이'였다.

우리 사회에서 빨간색은 단순한 색이 아니라 이념의 컬러요 정체성을 알리는 상징과도 같았다.

빨간색은 다양한 의미를 내포하고 있다. 위험, 경고, 금지 등을 강제하는 무서운 컬러이면서 동시에 열정, 도전, 흥분 등을 나타내는 자극적 의미도 있다.

우리 사회에서 레드 컬러가 가장 인상적이고 지속적으로 사용되는 사례로는 '붉은 악마'를 꼽을 수 있다. 2002년 한일 월드컵 때부터 본격화된 우리나라의 축구 응원문화는 이제 하나의 상징이 되었다. 월드컵이나 아시아컵대회는 물론 국가대항 평가전에서도 어김없이 우리의 붉은 악마는 경기장을 압도하면서 선수들을 응원한다.

2002년 월드컵 때 감히 상상하지 못했던 광경들이 대한민국 대표팀이 가는 곳마다 벌어지고 있다. 대표팀이 가는 곳 어디라도 '붉은 악마' 응원단이 함께 간다. 물론 대표팀 유니폼의 컬러도 대부분 레드였다. 정확한 근거가 있는지 몰라도, 이 컬러가 경기장에서 상대팀 선수에게 큰 위압감을 준다는 심리학자의 발표도 보았다. 아무튼 4년마다 열리는 월드컵 시즌에 대한민국은 빨간색의 강렬한 이미지를 안고 '대한민국'을 외치고 있다. 최소한 그곳에 레드 콤플렉스는 없다.

또 하나 우리나라에서 가장 흔히 볼 수 있는 빨간색은 여자화장실 표지판이다. 화장실 표시는 대부분 남자는 블루이고 여자는 레드이다. 개인적인 생각으로는, 빨간색 여자화장실 표지판은 단순한 표시를 넘어 위험, 조심 등을 알리는 경고의 의미도 내포되어 있는 듯하다. 남자화장실은 조심하지 않아도 된다는 뜻이 아니라 여성의 보호 또는 혼동하지 말라는 경고의 의미가 있는 것 같다. 젠더에 대한 편견으로 볼 수도 있지만 말이다.

광고하는 사람 입장에서 보면, 빨간색을 가장 잘 활용하는 브랜드는 코카콜라이다. 코카콜라는 병의 로고 컬러를 비롯해 광고의 시그니처 컬러는 모두 레드다. 한편 봄 시즌이 되면 대한민국 거의 모든 화장품 회사에서 다양한 레드 컬러 이름의 립스틱을 출시한다. 레드 립스틱은 겨우내 무채색과 추위에 떨었던 것에 대한 보상으로 여자들에게 사랑받는 듯하다. 또한 립스틱은 가장 적은 비용으로 본인의 아이덴티티를 나타낼 수 있기에 해마다 봄이 되면 가장 높은 판매고를 달성하는지도 모른다.

과거에 유럽에서 레드는 귀족과 왕족만이 사용할 수 있는 컬러였다. 즉, 태양의 컬러라고 해서 귀족과 왕족만이 사용할 수 있는 특권을 누렸던 것이다.

유럽의 왕족을 무너뜨린 혁명에도 레드가 있었다. 유럽의 역사를 바꾼 많은 혁명의 색도 역시 레드였다. 프랑스 혁명에도, 러시아의 혁명에도 빨간색이 있었다. 레드는 기존 관습과 제도에 대한 저항의 의미가 큰 상징적 컬러인 것이다.

레드는 불경한 경외심을 가진 컬러라고 감히 말하고 싶다. 세상의 어떤 컬러가 레드의 강렬함을 대신하겠는가? 세상의 무슨 컬러로 끓어오르는 분노를 표현할 수 있겠는가? 세상의 어떤 컬러로 뜨거운 열정을 표출할 수 있겠는가?

한편 레드 컬러로 무장한 여자의 입술은 많은 남자들에게 무장해제와도 같은 선언이다. 많은 권력자가 빨간 립스틱에 넘어갔고, 많은 부유한 남자들이 빨간 립스틱 앞에서 빈털터리가 되기도 했다. 그런가 하면 그 반대의 경우도 셀 수 없이 많았다. 소설에서 영화에서 현실 속에서도. 오래된 프랑스 영화 중에 〈블루〉, 〈화이트〉, 〈레드〉라는 작품이 있다. 영화에서는 프랑스 국기의 컬러이기도 한 이 세 가지 색이 상징하는 나름의 의미를 표현했다.

괴테가 "레드는 컬러의 제왕이다"라는 말을 어떤 의미로 했는지는 몰라도, 그가 정의한 레드의 본뜻은 영원히 합당한 대우를 받으리라고 본다. 레드는 다양한 의미가 있지만, 분명한 것은 인간이 뭔가를 이룩하려 할 때, 새로운 목표를 달성하려 할 때 열정의 촉매제 역할을 한다.

레드는 컬러의 제왕이다! 역시 괴테다!

까치의 촉

나는 강원도 화천의 작은 산골마을에서 28개월 동안 군대생활을 했다. 자대 배치되기 전에 보충대에서 이틀 밤을 잤다. 불안과 초조와 약간의 설렘으로 보낸 이틀이었다. 첫날 밤 환경도 바뀌고, 내가 배치될 자대는 어떤 곳인가 궁금해서 잠이 오지 않았다. 낮에 여기저기 풀 뽑는 사역을 해서 몸은 피곤했지만 잠이 오지 않았다.

그러다 보니 괜히 볼일만 자주 보게 되었다. 잠이 오지 않아 뒤척이다가 볼일을 보러 밖에 나왔는데 온통 산으로 둘러싸여 하늘은 과장해서 손바닥만큼 보였다. 간혹 들리는 산짐승들의 울음소리는 더욱 두려운 마음을 들게 했다. 여기서 28개월 동안 생활해야 한다고 생각하니 이등병 계급장을 달고 있었지만 언제 제대하나 하는 절박한 마음이 앞섰다.

특히 신병들이 탈영할까 봐 주변에서 보초 서는 선배 군인들을 보면 무서웠고 그들의 계급장 작대기 두 개가 너무 높아 보였다. 낮에 우리를 인솔하는 내무반장은 "이제 너희는 인간이 아니고 군바리다. 군바리의 생명은 명령에 죽고 명령에 사는 것이다"라고 악을 쓰며 말했다. 그의 말이 내 귀에 맴돌았다. '나는 사람이 아니다. 군바리다. 나는 사람이 아니다. 군바리다' 라고 속으로 뇌까렸다.

나는 후반기 교육을 받은 대로 전공을 살려 사단 병참부대에 배치되었다. 전투하는 군대가 있으면, 그들을 먹고 입고 잘 수 있도록 지원하는 부대가 있어야 하는데, 그것이 내가 배속된 병참대대였다. 거기서 시작된 자대생활은 최전방 군대생활이 이래도 되나 싶을 정도로 편안했다.

어느 정도 적응이 되자 선임이 보는 가운데 집에 편지를 쓰라고 했다. 내용은 가이드라인이 주어졌다. "대한민국의 아들로서 밥 잘 먹고 건강하게 군대생활 잘하고 있으니 아무 걱정하지 마세요"라는 내용이었다. 다른 말을 잘못 쓰면 부모님이 걱정하신다고 거의 반공개적으로 쓰라고 했다. 그렇게 써서 보낸 편지를 받고 1주일 후에 어머니께서 바리바리 음식을 싸 가지고 면회를 오셨다. 그 후 여자친구도 오고 친구들도 왔다.

생각보다 군대생활이 어렵지 않았다. 거의 이틀에 한 번꼴로 내리는 눈을 치우는 제설작업을 제외하고는 견딜 만했다. 11월에 내리는 첫눈은 언젠가는 5월 5일 어린이날에도 내려 우리를 경악하게 만든 적도 있다. 나만 특별히 하는 것이 아니라 대한민국 남자면 누구나 하는 군대생활이기에 무탈하게 근무할 수 있었다.

군대에서 무엇보다 신나는 일은 가끔 부대 밖으로 합법적으로 나갈 수 있다는 것이었다. 2, 3주에 한 번꼴로 부대에 필요한 물자를 춘천으로 수송하러 가는 작업에 동원될 때면 정말 즐겁고 신났다. 민간인을 만나고 사제 냄새를 맡을 수 있는 유일한 날이었기 때문이다. 그날은 우리 '군바리'들에게는 이른바 '계탄 날'이었다. 중국집에서 곱빼기 짜장면도 먹고 내가 좋아하는 김치찌개도 마음껏 먹을 수 있었다.

그렇게 부대생활에 적응해 나가던 어느 날, 위병소 근무를 서게 되었다. 전방부대는 만일의 사태에 대비해야 하기 때문에 위병소 근무규율이 엄격했다. 부대를 방문하는 차량들을 체크하고, 중대본부에 보고하고, 출입 여부를 결정하는 등의 일을 했다. 선임들에게는 쉬운 업무였지만, 이등병에게는 쉽지 않았다. 2인 1조로 근무하지만, 보통 고참은 안에 있고 이등병 둘이 밖에 나가 눈을 부라리며 전방을 주시하고 경계했다. 졸병들에게는 매우 힘든 근무이다.

그날은 드나드는 차도 없고 면회자도 없었다. 지나가는 차만 있었고 집을 짓는 까치들만이 분주하게 날아다녔다. 여기저기에 금슬 좋은 까치 부부가 짝을 지어 보금자리를 짓기 시작했다. 처음엔 그저 신기하게 그들이 흔한 나뭇가지를 물어오고 어디선가 찾은 진흙으로 꼼꼼하게 집을 짓는 것을 보았다. 그때는 이 집들이 얼마나 튼튼한지 알지 못했고, 또 그들이 지은 보금자리의 나뭇가지가 예사 가지가 아님을 인식하지 못했다.

이후 사단으로부터 태풍이 닥친다고 경계경보가 날아오고 비상체계를 갖추라는 명령이 떨어졌다. 그동안 경험하지 못했던 세찬 비바람이 불면서, 막사 지붕이 날아가고 부대 안 나무들이 부러지고 쓰러지는 초유의 사태가 벌어졌다.

무시무시한 태풍이 지나간 후 연병장을 청소하고 붕괴된 곳곳을 재정비했다. 그러다 까치의 영리함을 보여 주는 놀라운 현상을 발견하고, 동기들에게 이야기했는데 들어주지 않았다. 군기가 빠져 까치나 구경한다, 세월 좋다 하면서 놀리기만 했다.

심한 태풍이 덮쳐서 많은 나뭇가지들이 부러지고, 심지어 도로가 붕괴될 정도로 심한 피해를 입었는데도 신기하게 까치들이 집을 지은 나무들은 하나같이 멀쩡했다. 가지가 찢어지거나 부러진 것이 없었다. 처음엔 우연이라고 여겼지만, 주변에 까치 집이 있는 나무들을 유심히 관찰해 보니 모두 건재했다.

단순한 우연히 아니었다.

까치들이 집을 지은 나무들은

태풍이 지나갔음에도 모두 그대로였다.

까치들은 그들만의 촉으로 알고 있었던 것이다.

어떤 나무가 튼튼하고, 어떤 나무가 허약한지를.

단순한 우연히 아니었다. 까치가 집을 지은 나무는 태풍이 지나간 후에도 모두 그대로였다. 까치들은 그들만의 촉으로 알았던 것이다. 어떤 나무가 튼튼하고, 어떤 나무가 허약한지를.

뿐만 아니라 허술하게만 보였던 그들의 보금자리가 무자비한 태풍에도 불구하고 모두 건재했다. 최소한 내가 근무한 28개월 동안 관찰한 까치집은 철근 콘크리트로 인간들이 지은 아파트보다 더 견고했다. 장마에 무너지는 아파트가 뉴스에 나왔지만, 그때도 까치집은 항상 온전했다. 나뭇가지와 진흙을 물어와 지은 집인데도 결코 무너지지 않았다.

처음엔 무심하게 보았던 까치집에서 우리 인간이 이해하지 못하는 초자연적 지혜를 발견한 것은 군대 28개월이 끝나갈 무렵이었다. 까치는 처음부터 알았던 것이다. 태풍이 와도 버틸 나무가 어느 것인지를! 까치는 인간의 눈으로 식별할 수 없는 것을 예견하는 예지력을 가졌다고 볼 수밖에 없다.

마치 지진이 일어나기 전에 개미들이 이동하거나, 두꺼비가 거처를 옮기고, 반려동물인 개와 고양이가 이상행동을 하는 것과 비슷하다. 심지어 젖소의 우유 생산량이 확연히 줄어든다는 보고도 있다. 아직 학문적으로 체계화되지 않았지만 어느 면에서 동물들은 만물의 영장인 우리 인간들보다 뛰어난 예지력을 가진 것 같다.

군대를 제대한 후 까치집의 기억 때문인지 동물의 행동을 주의 깊게 관찰하는 버릇이 생겼다. 지금도 골프장이나 공원 주변에서 까치를 만나면 그 영리함에 그냥 지나치지 않는다. 저 녀석은 어디에 보금자리를 만들고 살아갈까 하는 호기심이 생기기 때문이다. 또 저 까치 부부의 보금자리는 얼마나 튼튼하고 안락할까 하는 생각에 혼자만의 미소를 지을 때가 종종 있다.

마음의 키를 키우는
약이 커피다

나는 커피중독에서 벗어난 사람이다. 하루에 무려 열서너 잔의 커피를 마셨으니 가히 중독이라고 해도 지나치지 않을 것이다. 출근하자마자 한잔하면서 하루 스케줄을 정리하고 회의할 때마다 커피를 마셨다.

그러던 어느 날, 관리 여직원이 나에게 물었다.

"국장님, 하루에 커피 몇 잔 마시는지 아세요?"

"대여섯 잔 마시지 않을까?"

나는 기습 질문을 받고 당황해서 얼버무렸다. 그러자 그녀가 바를 정正자로 체크한 이면지를 보여 주며 내가 2주에 걸쳐 마신 커피잔 수를 알려 주었다.

"한 주는 13잔, 다음 주는 15잔!"

"거짓말이지?"

내가 놀라서 묻자 그녀는 진지하게 말했다.

"저도 국장님이 커피 달라고 할 때 처음엔 그냥 그런가 보다 했어요. 그런데 너무 많이 달라고 하시니까 아무래도 건강에 이상이 생길까 봐 세어 봤어요."

그러면서 가슴을 더 꼭 찌르는 말을 했다.

"이건 제가 드린 커피 숫자구요, 다른 팀에서 회의하실 때도 마셨을 테니까 실제로 국장님이 마신 커피는 더 많을 거예요."

그날 이후 나는 스스로 바를 정자를 그리며 커피를 마셔 보았다. 슬프게도 그녀가 센 커피잔 수는 틀리지 않았다. 하루에 열서너 잔의 믹스 커피를 마셔댔던 것이다. 음미하면서 마신 것이 아니라 습관적으로 마신 것이 틀림없었다. 그냥 퍼마신 것이다. 자평하면, 생존형 커피 마시기였다. 일하면서 아이디어가 떠오르지 않거나 회의를 할 때면 습관적으로 마셨다.

이상한 것은 커피를 그렇게 마셔대도 잠자는 데는 전혀 방해를 받지 않았다는 사실이다. 이건 지금도 마찬가지다. 어떤 사람들은 저녁식사 후에 커피를 마시면 잠이 오지 않는다는데 나는 그런 증상이 전혀 없다.

그러나 사단은 생각보다 일찍 왔다. 여느 때처럼 일찍 출근하여 커피를 마시며 그날의 스케줄을 체크하는데 갑자기 이상한 착시가 일어났다. 컴퓨터 자판이 가까워졌다 멀어졌다 하는 것 아닌가.

다음 날 몸은 더 이상했다. 새벽 6시면 눈이 저절로 떠지는데 일어나지 못하겠는 것이다. 그날은 별 의심 없이 출근했다. 오후가 되자 몸이 나른하고 졸려 일이 되지 않았다. 평상시에 느껴 보지 못했던 이상한 징후가 나타났다.

주말에 정보기관에 다니는 후배를 만나 이런 증상을 이야기하니 마침 좋은 명의가 있다고 소개해 주었다. 이름도 생소한 '김일성 장수연구소'라는 곳에 비공개 귀순한 명의名醫가 있는데, 자기가 힘을 써 줄 테니까 만나 보라는 것이다. 나는 우선 겁이 났다. '김일성'이라는 이름은 우리 세대에게는 뿔난 도깨비 같은 존재였기 때문이다.

하지만 몸이 워낙 좋지 않으니 방법이 없었다. 후배가 알려 준 장소로 가서 '김소연 박사'를 만났다. 나중에 들은 바로는, 김 박사는 우리나라 사정에 어두워서 '김 국장'이라고 해서 나를 북한의 당 간부 정도로 알았다고 한다. 그녀에게 LG그룹 광고 대행사의 국장이라는 직함을 설명하는 데 오랜 시간이 걸렸다. 공산주의 사회에서 살다가 자본주의 사회인 대한민국에 왔으니 모든 시스템이 어렵다고 했다.

치료받는 동안 식사도 함께하면서 친해지자, 나는 호기심에 북한에 대해 물었다. 김일성이나 그의 후계자인 김정일에 대해 물었다. 물론 김 박사의 개인 의견이지만 김정일에 대한 평가는 최악이었다. 우리나라에서는 듣기 어려운 북한 이야기를 많이 들을 수 있어 흥미로운 시간이었다. 그녀는 자세히 말하지 않았지만 북한에서 귀순한 사람에게서 직접 북한 이야기를 들으니 신기했다.

그녀는 양손 맥을 짚더니, 북한식 말투인 명령조로 진단했다.

"커피중독입네다. 당장 끊지 않으면 죽습네다. 당장 치료하셔야 하갔습네다."

그 순간 장난기가 발동해 나는 거짓말을 했다.

"저는 하루에 커피를 한 잔도 마시지 않습니다."

그러자 그녀는 다시 맥을 짚어 보더니 아주 단호한 말투로 윽박질렀다.

"당장 치료하지 않으면 김 국장님은 죽습네다!"

"사실 하루에 커피를 열서너 잔씩 마셨습니다."

나는 이실직고할 수밖에 없었다.

그녀는 당장 치료하지 않으면 큰 병이 된다며 지금 치료하자고 했다. 그러더니 작은 방으로 들어가 치료도구들을 가지고 나왔다. 눈으로 힐끔 쳐다보니 20cm 이상 되어 보이는 장침이 있었다. 설마 저것을 내 몸에 놓지는 않겠지 생각하는데, 김 박사가 단호한 북한 말투로 말했다.

"팬티만 입고 베드에 누우세요. 엄마 같으니까 창피할 것도 없고….”

나는 주눅이 들어 그대로 베드에 누웠다.

'지금까지 침이라곤 축구하다가 발이 삐어 부기를 빼려고 맞은 것밖에 없는데…. 설마 저런 장침을 놓지는 않겠지.'

걱정 반 두려움 반으로 생각하고 있는데, 김 박사가 가까이 다가와 속삭였다.

“좀 아플 겁니다. 아프면 그냥 소리 지르세요. 참으면 오히려 해가 될 수 있으니….”

“네네.”

김 박사는 내 배를 소독약으로 닦으면서 말했다.

“배도 많이 나왔습네다. 이 치료를 받으면 배도 들어갈 겁네다. 자자, 시작합네다!”

그리고 명치 부분에 뭔가 깊이 들어오는 느낌이 들더니 고통이 이루 말할 수 없었다.

“아악, 아악….”

소리를 질러댔지만 그녀는 야멸차게 배 곳곳에 계속 장침을 놓았다. 나는 칼에 찔려 보지는 않았지만 배에 장침이 들어올 때마다 칼에 찔리는 게 이런 것이겠구나 싶을 정도로 고통스러웠다. 소리를 질러대느라 처음엔 몇 대를 맞았는지도 몰랐다. 아마 10대 정도 맞았던 것 같다.

20여 분 후 침을 하나씩 뽑으면서 김 박사가 주의를 주었다.

"앞으로 가능하면 따뜻한 물을 마시고, 바로 운전하는 것은 위험할 수 있으니 쉬었다 가세요."

그날이 화요일이었는데, 다음 치료는 이틀 후 목요일 같은 시간에 하자고 했다. 일단 나는 그 자리를 피하기 위해서 "네네" 했지만 속으론 '두 번 다시 오나 봐라' 했다.

그 후 약속한 목요일에 김 박사에게 가지 않고 일하는데 후배에게 전화가 왔다. 그 후배 말을 요약하면 거기서의 치료는 아무나 받을 수 있는 것이 아니라는 것이다. 이른바 큰 '빽'을 써야 받을 수 있는 것이라며, 자기가 다음 주 화요일에는 반드시 갈 것이라고 말해 놓았으니 꼭 가라고 당부했다.

할 수 없이 다음 주 화요일에 다시 치료받았다. 그렇게 피했던 치료는 두 달이나 지속되었다. 그사이 체중이 3kg이나 빠졌고, 이상하게 커피가 목으로 넘어가지 않았다. 매순간 마시고 싶은 마음은 있는데 입에 넣으면 목에서 넘어가지 않았다.

그렇게 나는 커피와 멀어져 10년 동안 단 한 잔도 마시지 않았다. 체중이 4kg 정도 빠져 배도 들어가고 턱선이 살아나 인물도 훤해지는 느낌이 들었다.

그러다가 직장을 그만두고 사업을 시작하면서 스트레스를 이기지 못해 커피를 다시 찾았다. 그러나 커피를 입에 넣어도 목

나에게 커피는 생각의 힘을 자극하는

마약과도 같은 존재다.

과하지만 않으면 커피는 생각의 묘약이라고 본다.

생각의 크기를 키워 주고 동시에

심리적 안정감을 주는 묘약은 커피 말고는 없을 것이다.

으로 넘기지 못해 5, 6년간 입으로만 커피를 마셨다. 입에만 넣었다 뱉는 방식으로 커피를 접했다. 시간이 흐른 지금은 하루에 반 잔 정도의 커피를 마신다.

　나는 커피의 해악을 말하려는 것이 아니다. 커피는 마음을 진정시키고 새로운 생각을 만들어내는 묘약妙藥임에 틀림없다. 그러나 과하게 마시면 분명히 건강에 문제를 일으킬 수 있다. 방송에서 보니, 커피 한 잔을 마시면 물은 그 4배 정도 마셔야 건강하다고 한다. 그런데 누가 이렇게 마시겠는가?
　나에게 커피는 생각의 힘을 자극하는 마약痲藥과도 같은 존재다. 과하지만 않으면 커피는 생각의 묘약이라고 본다. 생각의 크기를 키워 주고 동시에 심리적 안정감을 주는 묘약은 커피 말고는 없을 것이다.

높아지기와 넓어지기

나이를 먹어가면서 삶의 목표나 지향점이 많이 달라졌다. 첫 번째가 높아지기보다 넓어지기를 실천하자는 것이다.

직장을 다니던 시절에는 동기들과 경쟁하고 진급을 빨리하는 것이 전부라고 생각했다. 당시 대기업 문화는 대개 그러했다. 지금의 '워라밸'이라는 말은 사치에 불과했다. 동기보다 진급을 먼저 하고 연봉도 단돈 만 원이라도 높아야 '잘나가는 사람'으로 대접받았다. 개인의 삶도, 가족과의 삶도 모두 직장에 매몰되어 있었다.

그땐 그랬다. 그래도 되는 시절이었다. 아내도 아이들도 크게 불만이 없었다. 남자는 밖에서 가족을 부양할 돈을 벌어 오는 것이 당연했다. 일벌레가 찬사를 받고, 회사만 알고 살아온 직장 선배들을 우러러보던 시절이다. 그땐 그래야 사람 구실한다고 했다.

나이를 먹어가면서 삶의 목표나 지향점이 많이 달라졌다.

첫 번째가 높아지기보다 넓어지기를 실천하자는 것이다.

나는 이런 고민을 하며 천천히 독립을 준비했다.

돈을 많이 벌거나 명예를 얻기 위함이 아니라

소중한 가족들과의 관계에 충실하기 위함이었다.

요즘은 완전히 바뀌었다. 토론토에서 디자인 회사에 다니는 딸은 집에서 근무하는 날이 가끔 있다. '한국 아빠'인 나는 걱정되어 "너 그러다 잘린다"라고 하면 딸은 웃으며 "아빠, 여기 토론토야!"라고 한다. 그럼 나는 "세상 어디든 회사는 다 똑같다"라고 항변하고, 딸도 지지 않고 "아빠처럼 일하면 이혼당하고, 또 사장은 벌금을 내야 돼"라고 면박을 준다.

머리로는 이해하지만 가슴으로는 아직도 변화를 이해하지 못한다. 지금까지 오로지 높아지는 것에만 관심이 있었기 때문이다. 진급하고, 연봉이 올라가고, 비싼 아파트에 살고, 그런 것이 잘 사는 것이라고 생각했다. 대한민국의 베이비부머 세대인 우리는 누구라도 그렇게 살았고, 그것이 정답이라고 생각하며 한 치의 의심도 없이 살아왔다.

2002년 월드컵이 열리기 전, 설 연휴 때 뉴질랜드로 가족 여행을 가려고 모든 준비를 다 해놓고 있었다. 비행기 티케팅도 하고, 먹고 잘 호텔 예약도 다 해놓은 상태였다.

그런데 대한축구협회에서 빅 3 광고대행사에 공개 비딩을 요구했다. 준비기간은 1주일, 비딩 날짜는 설 연휴 끝나는 월요일이었다. 회사에서는 누구에게 이 일을 맡길 것인지 고민을 많이 한 것 같았다. 누가 1년에 두 번 있는 연휴를 망치고 싶겠는가?

그리고 본인 혼자만의 문제가 아니라 가족의 이해와 협조가 있어야 하는데 얼마나 곤혹스러운 일인가?

전무님이 나를 불러 말을 빙빙 돌리시면서 대한축구협회를 맹비난하셨다. 어떻게 대한민국의 가장 큰 명절을 앞두고 비딩을 요구할 수 있느냐면서 노발대발하셨다. 그 순간 나는 직감했다. 이 일이 나에게 떨어질 것이란 것을! 예상대로 전무님은 나에게 회사에서 많은 혜택을 받았으니 이번 기회에 희생하는 모습을 보여 주면 고맙겠다고 했다. 즉, 설 연휴기간에 나와 월드컵 홍보를 위한 광고 비딩에 참여하라는 말씀이었다.

"예, 제가 하겠습니다"라고 호기롭게 대답했지만, 뉴질랜드 여행계획으로 들떠 있는 가족들에게 뭐라고 변명해야 할지 엄두가 나지 않았다. 그렇다고 여행을 연기할 수 있는 상황도 아니었다. 여행 갈 날이 코앞에 다가왔기 때문이다. 결국 여행은 나를 빼고 가족들만 가기로 하고, 나는 회사 방침대로 일하는 것을 택했다.

다행히, 고생하고 희생한 대가로 비딩에 성공했다. 정몽준 당시 대한축구협회장 앞에서 이루어진 비딩이었다. 이 일을 하기로 결심했을 때 만사 제치고 하고 싶었던 것이 속마음이었다. 크리에이티브 디렉터로서 세계적 축제인 월드컵 광고를 만들 수 있다는 것은 큰 영광이기 때문이다. 가족 여행은 나중에도 갈 수 있지만, 월드컵은 내 생에 다시 올 수 없는 기회처럼 느껴졌다. 회사가 명령한 것이지만 내가 하고 싶은 마음도 간절했다.

나는 심각한 수준의 일중독자이다. 하루는 유치원에 다니던 둘째가 '행복한 가족'을 그리라는 숙제에 나를 빼고 그리는 쇼킹한 사건이 벌어졌다. 그 그림을 보고 난 큰 충격에 빠졌다. 이런 일은 드라마에서나 나오는 이야기인 줄 알았는데, 바로 내 가정에서 일어났기 때문이다. 어쩌면 회사를 떠나야겠다고 최초로 결심한 계기이기도 하다.

'이렇게 일하고 나에게 남는 것이 무엇일까? 아이들이 커가는 하루하루, 순간순간마다 함께해야 하는 역할이 있는데 바쁘다는 핑계로 놓치고 있는 것 아닐까? 회사에만 우선순위를 두어 가족이 좋은 경험을 할 기회를 빼앗는 것은 아닐까?'

당시 나는 이런 고민을 하며 천천히 독립을 준비했다. 돈을 많이 벌거나 명예를 얻기 위함이 아니라 소중한 가족들과의 관계에 충실하기 위함이었다. 특히 사내아이인 둘째에게 아빠 역할을 해주고 싶었다. 딸아이에게는 아내가 그 역할을 하지만 남자아이에겐 엄마가 해줄 수 없는 그 무엇이 있다고 생각했다.

그 후 나는 아들과 함께 동부이촌동 집 앞 한강에 나가 자전거도 타고 축구도 함께하는 시간을 가졌다. '차범근 축구교실' 회원인 아들의 축구경기에도 같이 가서 응원하고 격려해 주었다. 아마도 그때부터 아들에게 '나도 아빠가 있다'는 자부심을 심어 주지 않았나 싶다. 아이가 내 삶의 지향점을 바꿔 준 첫 번째 사람이 된 것이다.

삶의 지향점 설정에 영향을 준 두 번째 사람은 고등학교 2년 선배다. 그 선배는 골프광으로 가장 즐겁게 하는 일이 골프라고 했다. 어느 해인가 세어 보니 1년에 200번 정도 라운딩한 적도 있다고 했다. 그 정도 골프를 즐기려면 우선 체력이 좋아야 하고, 둘째 함께 라운딩할 수 있는 파트너, 즉 지인이 있어야 하고, 셋째 경제적 여유도 있어야 한다.

그 선배를 보면서 나는 자문해 보았다. 21년의 치열한 직장생활을 접고 삶의 여유를 갖고자 독립했는데, 과연 나는 독립하던 당시의 초심으로 살고 있는가? 결론은 아니었다. 오히려 더 조급하고 더 긴장하는 삶의 연속이었다. 세상을 넓게 보고 즐기며 살겠다는 그때의 초심과 달리 더 치열하고 더 일에 매몰되어 있는 나를 발견하고 소스라치게 놀랐다.

선배는 본인이 가장 좋아하는 골프에 빠져 연구하고 연습하고 라운딩하고 많은 사람들과 친목을 도모했다. 그러면서 일에서 오는 스트레스를 날리고, 다시 일할 수 있는 몸과 마음을 만들고 있었다. 그 과정을 지켜보면서 나도 일에서 오는 스트레스를 해소할 수 있는 그 무엇이 있을까 찾아보았다.

나는 책을 읽고 글 쓰는 것을 천성적으로 좋아하니 고교시절부터 도전하다 포기한 작가의 꿈을 키워 보기로 했다. 1주일에 한 편씩 영화를 보면서 스토리가 아쉽다고 느낀 영화들이 많았는데, 내가 직접 소설을 쓰면 어떨까 하는 생각에 미쳤다.

그래서 요즘 나는 다시 작가 모드로 돌아가 있다. 고교시절 신춘문예에 대한 열정만큼 강렬하지는 않지만, 죽기 전에 그럴듯한 러브스토리를 한 편 써서 영화로 만들겠다고 다짐하고 있다. 사실 나는 평생 경쟁에 익숙한 삶을 살아왔다. 그런데 이제 스스로에게 위로가 되는 일을 찾은 것 같아 설레는 기분으로 살고 있다.

민들레 홀씨는
240km를 날아간다

초등학교 시절, 민들레는 학교 운동장 구석 어디에나 있는 성가신 풀이었다. 우리는 아침 조회가 끝나면 삼삼오오 모여 민들레와 같은 풀들을 뽑고 선생님께 검사를 받은 뒤 교실로 들어가 수업 준비를 했다. 그때는 그 풀들이 정말 해마다 죽지도 않고 찾아오는 각설이 같았다. 뽑고 또 뽑아도 봄이 되면 나 보란 듯 여기저기 다시 얼굴을 내밀었다.

　민들레는 절대로 죽지 않는 풀이라는 것을 고학년이 되어서야 알았다. 우리는 민들레를 뽑으면서 "우리 후배들도 이 풀을 뽑겠지!"라고 투덜거리는가 하면, "미안하다, 후배들아 남은 것은 너희들이 뽑아라" 하며 자조적으로 떠들곤 했다. 내 기억 속 민들레는 쉽게 죽지 않는 끈질긴 녀석이었다.

　그런데 어느 날 TV를 보니 민들레가 약효가 뛰어나 사람들이 열심히 뽑아간다는 것이다. 맞는 말인지는 모르겠지만, 하얀 꽃을 피우는 것은 우리 토착 민들레이고 노란 꽃을 피우는 것은 외국산인데, 하얀 토종 민들레가 약성이 뛰어나다고 했다.

내가 어렸을 때 뽑았던 민들레는 거의 하얀 민들레였는데, 요즘 보는 민들레는 거의 노란 민들레다. 하얀 민들레가 약성이 좋다고 하니 사람들이 마구잡이식으로 채취해 점점 자취를 감추는 듯하다. 사람들이 많이 찾으니까 하우스로 키우는 농가도 늘어나고 있다고 한다.

민들레가 언제 어떻게 우리나라에 들어왔는지는 모르겠다. 하지만 식물도감을 찾아보니 민들레 홀씨가 무려 240km나 날아간다고 기술되어 있다. 어림잡아 서울에서 대전까지 날아가는 셈이니 대단한 번식력이라 하겠다. 되돌아보면, 어린 시절에 운동장의 민들레를 뽑으면서 내년에는 안 나겠지 했지만, 이듬해 민들레는 어김없이 새롭게 나타나곤 했다.

민들레에 대한 관심은 훗날 박미경이라는 가수에 의해 절정에 달했다. 1985년 MBC 강변가요제에서 〈민들레 홀씨 되어〉라는 노래로 박미경이 장려상을 수상한 것이다. 그 후 이 노래가 크게 히트하면서 민들레는 영원한 생명력을 갖게 되었다.

식물은 자기가 스스로 움직일 수 없기 때문에 번식하기 위해 다양한 노력을 기울인다. 민들레는 홀씨를 240km나 되는 장거리로 날려 번식한다. 제비꽃은 씨앗을 만들 때 개미들이 좋아하는 단백질에 싸서 만든다. 그러면 개미들은 자기가 좋아하는 단백질은 식량으로 이용하고 씨앗은 쓰레기장에 버린다고 한다. 그런데 쓰레기장은 버려진 씨앗이 싹 틔우기 좋은 조건을 갖추고 있다. 습기가 적당하고 영양분도 충분하다. 이런 환경에서 새로운 제비꽃 2세는 태어나는 것이다.

내가 좋아하는 목련도 그런 재주를 가지고 있다. 자세히 관찰해 보면, 목련꽃은 하늘을 향해 똑바로 핀다. 여느 꽃처럼 옆으로 방향을 틀어 피지 않는다. 오직 하늘을 향해 핀다. 대부분의 꽃들을 관찰해 보면, 하늘을 향해 반듯하게 피는 꽃은 없다. 대개 비스듬한 각도로 피어난다. 왜 목련은 똑바로 필까?

목련꽃 짝짓기를 해주는 풍뎅이는 비행 실력이 형편없다. 다른 벌레들처럼 자유자재로 날아다니는 기술이 부족하다. 목련은 파트너의 비행 실력을 감안해서 꽃을 하늘을 향해 피우는 것이다. 꽃잎이 옆으로 기울어지면 풍뎅이가 날아와 앉지 못하기 때문이다. 파트너를 향한 눈물겨운 배려인 것이다. 스스로 이동할 수 없기 때문에 상대에게 최대한 편의를 제공하는 방식으로 짝짓기를 돕는 것이다.

그런데 언제부터인가 이러한 물음이 생기기 시작했다. 도대체 이런 현상은 어떻게 일어난 것일까? 제비꽃이 씨앗을 단백질로 싸서 떨어뜨리거나, 목련꽃이 비행 실력이 부족한 풍뎅이를

봄이 되어 골프장에 가면 주위에 민들레가 있나

확인하는 것이 하나의 습관이 되었다.

그 질긴 생명력에 마음으로 박수를 보내고 응원한다.

뽑히지 말고 잘 자라서 씨앗을 240km까지 보내라고.

그래서 오래오래 하얗게, 노랗게 꽃피라고.

위해 하늘을 향해 피는 식으로 식물이 어떻게 알아서 진화했냐는 것이다.

물론 인류 역사를 살펴보면 대부분 좋은 방향으로 진화하고 있음을 알 수 있다. 나는 생각하고 협력하는 인간만이 이처럼 진보적 방향으로 발전한다고 생각했다. 그런데 최근에 최재천 교수의 강의를 듣고 책을 읽어 보니 그렇지 않았다. 거의 모든 동식물이 인간처럼 유불리를 따져 그들에게 유리한 방향으로 진화하고 있다.

처음엔 참 신기했다. 지금까지 살아남은 모든 것은 살아남기 위해 최적화되어 진화하고 있는 것이다. 그런 깨달음이 얻고 나서 등산을 가든 골프를 치든 주변에서 만나는 식물에 부쩍 관심이 커졌다. 이름을 알아보고 특징도 찾아본다. 초중고 때 그냥 외웠던 것들을 이제는 관심을 가지고 보니 더 잘 눈에 들어왔다. 사람이든 식물이든 관심이야말로 그들을 알게 하는 첫 번째 관문이다.

어쩌다 졸업한 초등학교에 가면 꼭 하는 일이 있다. 운동장에 아직도 민들레가 있는지 확인하는 것이다. 50여 년이 지났지만 내가 뽑아내던 민들레는 아직도 그 자리에 있다. 그때 고사리 손으로 용을 쓰며 뽑아내던 나를 비웃기라도 하듯 민들레는 여기저기 산지사방에서 자라고 있다.

언젠가 동심으로 돌아가 민들레를 뽑으려다 참은 적이 있다. 최재천 교수의 글을 읽고 나서 자연을 대하는 태도에 많은 변화가 왔다. 생명에 대한 외경심畏敬心이 생겨났고, 자연의 위대함에 인간이라는 미물이 함부로 끼어들어 아무렇게나 대하고 해치면 안 된다고 생각하게 되었다.

봄이 되어 골프장에 가면 주위에 민들레가 있나 확인하는 것이 하나의 습관이 되었다. 그 질긴 생명력에 마음으로 박수를 보내고 응원한다. 뽑히지 말고 잘 자라서 씨앗을 240km까지 보내라고. 그래서 오래오래 하얗게, 노랗게 꽃피라고.

여자는 어딘가에
빨간색이 있어야 아름답다

"여자는 어딘가에 빨간색이 있어야 아름답다!"

한동안 이 문장을 열렬히 사랑했다. 내 '작가 노트'에 출처가 없어 밝힐 수 없지만, 아마 어느 광고의 헤드라인일 수 있다. 검색해도 나오지 않으니 이 문장 그대로는 없는 듯하다. 작가 노트에 메모되어 있고 출처가 없는 것으로 보아 비슷한 문장을 각색했거나 나의 순수 창작문장인지 모르겠다.

20여 년 전 작가 노트에 적힌 이 문장을 다시 보면서 나는 매우 흡족했다. 여자의 내면을 내가 꿰뚫고 있었다는 자부심이 들었기 때문이다. 나는 여자가 입술에 빨간 립스틱을 바르거나, 손가락이나 발가락에 빨간 매니큐어를 바르는 것은 일종의 여자임을 나타내는 행위라고 생각한다. 영화나 드라마에서 여자가 남자를 유혹하거나 큰 결심을 하고 남자를 만나 어필할 때도 진부하지만 이런 장면이 자주 복선으로 등장한다.

여자와 빨간색!

서너 살쯤 되는 아이들이 소꿉장난을 하는 모습을 자세히 관찰해 보라. 누가 가르쳐 주지 않아도 엄마 역할을 하는 아이는 입술에 빨간 립스틱을 바르고, 남자 역할을 하는 아이는 수염을 그리거나 모자를 쓰고 노는 것을 알 수 있다. 아이 때부터 빨간 립스틱은 여자의 상징이요 표시라는 것을 인식하는 것이다.

빨간 립스틱은 길고 다양한 역사를 가졌기에 그 의미를 단정하기는 쉽지 않다. 하지만 일반적으로 특별함이나 권위, 여자다움의 상징이었다. 엄마의 립스틱이든 길거리에 피어난 꽃잎이든 그것을 칠하는 단순한 행위로 '나는 여자'임을 알렸다. 아마도 여자들은 어린 시절부터 여자들은 엄마가 화장하는 것을 보면서 여자의 변신은 입술에 빨간 립스틱을 바르는 행위로 완성된다고 배웠으리라.

인간의 위대한 DNA는 시간이 흘러도 상황이 바뀌어도 도도하게 내려온다. 인류학자들은 태초의 남자와 여자의 역할을 연구하면서 이런 현상들을 밝혀내고 있다. 옛날에 남자들은 밖에 나가 가족을 부양하기 위해 식량을 구해야 했다. 사냥을 해야 하는데 인간보다 작은 동물은 잡을 수 있었지만 호랑이나 사자에게는 오히려 잡아먹히자 도구를 사용하고, 혼자가 아닌 집단으로 저항해서 사냥하는 법을 알아냈다.

"여자는 어딘가에 빨간색이 있어야 아름답다!"
한동안 이 문장을 열렬히 사랑했다.
나는 여자가 입술에 빨간 립스틱을 바르거나,
손가락이나 발가락에 빨간 매니큐어를 바르는 것은
일종의 여자임을 나타내는 행위라고 생각한다.

남자들이 밖에 나가 식량을 구해오는 동안 여자들은 수다를 떨면서 세상을 살아가는 정보를 교환했다. 어느 곳에 가면 맛있고 싱싱한 야채가 있는지, 밥은 어떻게 지어야 맛있는지 서로 경험을 교환하면서 알아냈다. 또한 자기의 2세를 얻기 위해 가장 건실한 남자를 파트너로 유혹하려고 화장을 했을 것이다.

과거나 지금이나 최소 비용으로 최대 효과를 내는 화장품은 립스틱이다. 그래서 불황기에 여자들의 입술이 더 빨개진다고 한다. 다른 화장품 비용을 아끼고 극적인 효과가 있는 빨간 립스틱으로 화장한다는 통계를 본 적이 있다. 영화나 드라마를 보면, 여자가 뭔가 변심하거나 복수를 꿈꿀 때 빨간 립스틱을 사용하여 화장하는 것을 알 수 있다. 이것이 선입견이든 편견이든 우리 사회에 일반적으로 퍼져 있는 현상임은 분명하다.

여자가 스스로 아름답고 섹시하다고 느끼는 순간은 언제일까? 아마 여자가 바라보는 시각과 남자가 보는 관점은 다를 것이다. 나는 화장품 모델을 선정할 때 탤런트나 배우 중에서 찾기 때문에 얼굴은 모두 예쁘다는 전제하에 입술과 손가락을 보고 최종결정을 내렸다. 여자는 입술로 많은 메시지를 전달할 수 있다고 확신했고, 손가락은 제품을 들었을 때 화면에 잘 나오므로 영상미의 중요한 요소이기 때문이다.

입술은 두껍지 않고 도톰해서 그 자체로 뭔가 메시지를 말하는 듯한 느낌을 가진 모델을 선호했다. 특히 좌우 대칭의 비율이 아름답게 정돈된 입술이면 더욱 좋았다. 손가락은 대체로 길고 가느다란 모델을 선호했다. 단순히 길고 가는 게 아니라 뼈의 굴곡이 전혀 없는, 그래서 귀티가 나는 손가락을 가진 모델을 캐스팅했다. 그 모델의 손으로 광고하는 제품을 들었을 때 제품의 가치는 더 배가되고, 광고를 보는 소비자 입장에서 소유하고 싶은 욕망을 더욱 느끼는 것이다.

함께 일한 이미연, 김남주, 고소영, 김희선, 최진실 씨 등 기라성 같은 모델들이 각광받는 것도 비슷한 이유 때문일 것이다. 이들은 드라마나 영화로 인기를 얻은 셀럽일 뿐만 아니라 대중들로부터 많은 사랑을 받은 광고모델이다. 세상에 예쁜 배우나 탤런트들이 많지만 유독 광고계의 블루칩으로 떠오른 이유를 따져 보면 비슷한 조건과 효과 때문일 것이라고 확신한다.

화장 이야기에 한마디 더 보탠다면, 나는 남자든 여자든 나잇값을 하지 않고 살았으면 좋겠다. 특히 얼굴은! 혹자는 '얼굴만 번지르르하면 뭐 하냐? 속이 꽉 차야지'라고 말할 것이다. 하지만 속도 차고 겉도 예쁘면 더 좋지 않을까? 나는 남자든 여자든 자기 얼굴에 책임을 져야 한다고 생각한다. 나이가 들수록 남자의 얼굴에는 연륜과 온화함이, 여자의 얼굴에는 따뜻함과 여성스러움이 깃들었으면 좋겠다.

그러려면 내면의 아름다움과 세상을 바라보는 긍정의 씨앗이 있어야 한다. 단순히 화장품으로 가꾸고 시술로 팽팽해질 때보다 내면의 아름다움이 얼굴에 나타날 때 훨씬 아름답고 세월에 내구성도 있다. 내가 경험한 바로는 긍정적 마인드를 가진 사람일수록 몸도 마음도 천천히 늙어간다. 세상을 밝게 보는 것, 만나는 사람들에게 긍정적 기운을 주는 것이 반복될 때 본인의 삶도 아름답게 가꾸어지고 늙지 않는다.

"Experience never gets old!"(경륜은 늙지 않는다) 라는 영화 〈인턴〉의 포스터 카피가 큰 울림을 주는 이유다.

오바마의 51초 침묵

최근 미국 역대 대통령의 인기 조사 결과를 보면, 오바마_{Barack} Obama가 단연 1위이다. 그의 식지 않는 인기의 비결은 무엇일까? 나는 그의 탁월한 공감능력 덕분이라고 생각한다. 애리조나 총기 난사사건 추모식 때 그의 '침묵의 연설'은 이를 잘 보여 준다.

2011년 1월 애리조나주 슈퍼마켓 앞에서 22살의 청년이 연방 의원의 연설을 듣고자 모인 청중을 향해 무차별 총기 난사를 했다. 8세 소녀를 포함하여 6명이 사망하고, 13여 명이 크고 작은 부상을 당하는 초유의 비극적 사건이 벌어졌다.

며칠 후 오바마 대통령은 희생당한 무고한 생명들을 위해 추모연설을 했다. 특히 8살 난 희생자 크리스티나 그린을 언급하던 도중 그는 갑자기 말을 멈췄다.

"나는 우리 민주주의가 크리스티나가 상상한 것과 같이 좋았으면 합니다. 우리 모두는 아이들의 기대에 부응하는 나라를 만들기 위해 최선을 다해야 합니다."

"……."

그는 연설을 이어가지 못한 채 호흡을 가다듬고 눈까지 깜빡거렸다. 울지 않으려고 감정을 추스르는 듯한 모습을 보였다. 그리고 다시 연설을 이어가려다 중단하고 그의 침묵은 또 이어졌다.

"……."

마침내 그는 어렵게 연설을 계속하면서 심호흡을 하며 눈을 좌우로 돌리기도 했다. 34분간 연설 중 무려 51초 동안 말을 잇지 못했다.

그날 오바마의 침묵은 결코 연기나 연출이 아니었을 것이다. 정치적 제스처는 더더욱 아니었을 것이다. 침묵을 통해 그는 자신의 진심을 그대로 청중에게 전달했고 진정한 지도자의 모습을 보여 주었다. 아마 그의 침묵의 연설은 많은 미국인뿐만 아니라 세계인들에게 커다란 울림을 주는 장면이었을 것이다.

책임을 회피하고 '내로남불'식으로 국민들에게 지탄받는 우리 정치인들에게 보여 주고 싶은 교과서 같은 상황이기도 하다. 국회의원 선거를 통해 당선된 사람들은 선거기간 동안 공약한 것들을 실천하고 4년 후에 재평가를 받는다. 물론 우리의 정치지형이 영호남으로 갈라져 있어 평가하는 데 많은 제약이 있지만, 그래도 일하는 사람은 결국 국민이 선택하는 것이다.

오바마 대통령 이야기에서 비약을 했지만, 전 세계적으로 지도력을 발휘하는 정치인들은 대부분 본인만의 스토리를 가지고 일관되게 국민과 대화하는 사람들이다. 민주주의를 표방하면서 독재정치를 하는 나라를 제외하고, 민주주의를 진정으로 실천하는 나라에서는 시간은 걸리더라도 진실한 후보들이 당선되는 사례가 많다.

오바마는 미국 최초의 흑인 대통령이 되었다. 백인 중심의 나라에서 흑인이 대통령에 당선된다는 것은 정말 어려운 이야기다. 어려운 이야기가 아니라 거의 불가능에 가까운 이야기일 것이다. 오바마는 그런 어려운 상황을 극복했다. 단순히 그의 연설솜씨가 뛰어났기 때문이 아니라 가슴으로 느껴지는 따뜻함을 국민들이 공감해서 이룬 기적이었을 것이다.

우리나라 정치인들도 크고 작은 사건 사고가 일어나면 현장에 가서 아픔을 위로하고 공감하는 시간을 갖는다. 그러나 감동을 일으키는 정치인은 찾기 힘들다. 나중에 출마할 때 선거홍보를 위해 필요한 사진을 찍는다는 인상을 줄 뿐이다. 이런 정치 개념으로는 바뀌지 않는다. 국민과 함께 공감하는 능력과 실체적 진실성이 있어야 변화가 가능하다고 본다.

우리나라 선거에서도 여성 파워가 막강해졌다고들 한다. 여자들에게 밉보이면 낙선한다는 말이 공공연히 떠돈다. 민주주

그날 오바마의 침묵은

결코 연기나 연출이 아니었을 것이다.

정치적 제스처는 더더욱 아니었을 것이다.

침묵을 통해 그는 자신의 진심을

그대로 청중에게 전달했고

진정한 지도자의 모습을 보여 주었다.

의는 표로 심판하는 것이다. 현대에 남성의 전유물이던 참정권을 여성들도 획득하면서 정치에 중요한 변수로 등장한 것이다. 예전에는 공약도 대부분 남성 위주였지만, 이제는 여성을 위한 생활밀착형 공약이 주를 이루고 있다.

나는 최근의 이런 상황이 아주 바람직하다고 생각하는 사람 중 하나다. 결국 정치는 국민을 편안하고 안전하게 살게 하고 먹고사는 문제를 해결하는 데 일차적 목적이 있다고 본다. 예전엔 지키지도 못할 공약을 남발하는 후보가 많았지만 이제 그런 후보는 당선되기 어렵다. 꼼꼼히 따지고 확인하는 유권자들이 늘었기 때문이다. 이런 변화에 남자 유권자보다는 여자 유권자들의 노력이 주효했다고 생각한다.

예전에는 집안 대소사에 대한 의사결정은 대부분 아버지들의 몫이었다. 그러나 지금은 돈과 정보를 가진 여자들이 주도권을 쥐고 있다. 앞으로 남자보다 여자 중심의 세상이 되리라는 것에 의심의 여지가 없다. 신 아마조네스 시대가 도래하지 않을까?

유럽은 이미 많은 여성 정치인들이 등장하여 생활밀착형 정치를 이끌어 가고 있다. 정당의 이해관계로 움직이는 것이 아니라 풀뿌리 민주주의를 지향하는 정치가 나라를 움직이고 있다. 부러울 뿐이다. 아마도 여기에 여성 정치인들의 역할도 상당했으리라 판단한다.

우리는 누군가의
첫사랑이었다

내가 〈건축학 개론〉이라는 영화를 보게 된 것은 "우리는 누군가의 첫사랑이었다"라는 영화포스터 카피 때문이었다. 그렇다. 세상의 거의 모든 사람은 누군가의 첫사랑 대상이었다.

유치원이든 초등학교든 사람은 본능적으로 사람에게 끌리기 때문에 가슴앓이를 해보았을 가능성이 높다. 사랑한다고 표현 했든 그렇지 않든 첫사랑의 감정은 누구나 있기 마련이다. 다만 첫사랑은 대부분 이뤄지지 않기 때문에 누구에게나 그리움의 대상으로 남아 있고, 그래서 평생 동안 아련한 설렘을 준다.

첫사랑이 오래 기억되는 이유는 무엇일까? 아마도 우리가 처음으로 사랑이라는 감정을 만든 상대이기에, 우리 기억 속에서 오랫동안 빛바래가면서도 존재하는 것 같다. 우리가 살아가면서 처음으로 '둘'이라는 다수를 만드는 작업이 첫사랑 아닐까? 그렇다. 첫사랑은 처음으로 내 편을 만드는 과정이다. 그래서

첫사랑은 처음으로 내 편을 만드는 과정이다.

그래서 결코 순탄하지는 않지만,

엄마, 아빠가 아닌 또 다른 내 편이 있다는 설렘이

세상을 다 가진 듯한 뿌듯함을 준다.

결코 순탄하지는 않지만, 엄마, 아빠가 아닌 또 다른 내 편이 있다는 설렘이 세상을 다 가진 듯한 뿌듯함을 준다.

사람에게 사랑이라는 감정만큼 위대한 것이 또 있을까? 견디기 어려운 고통이 있어도 사랑이라는 감정이 있는 한 모든 것을 극복할 수 있다고 믿는다.

나의 첫사랑은 초등학교 1학년 때 같은 반 여자친구였다. 처음 짝이 되어 책상에 앉았을 때 그 흔한 책상의 가운데에 선을 그어 넘지 못하게 하는 행동도 하지 않았다. 얼마나 좋았으면 그랬겠는가? 그녀도 나도 나누지 않았다. 아마도 30쌍 중에 책상을 반으로 나누지 않은 짝꿍은 우리밖에 없었을 것이다.

그런 친구를 30대 후반 동창회에서 다시 만났다. 정말 신기했다. 7, 8살에 처음 만나고 30년 만에 다시 만난 초등학교 짝꿍이자 첫사랑! 반가움도 있었고, 그때의 감정의 여운이 남아 있는 듯 수줍기도 했다. 참으로 묘한 기분이었다.

우선 처음 든 생각은 그냥 좋았다. 무슨 설명이 필요한가? 8살에 만나 설레었던 친구가 중년이 되어 나타났으니 서로에게 궁금한 것도 많았다. 그때 그 시절에 대해 묻고 대답해야 할 것들이 너무 많았다. 우리는 모임의 전체 이야기에 끼기보다는 둘이 붙어 앉아 그간의 안부를 묻고 확인하면서 수다를 떨었다.

처음엔 데면데면하고 부끄러워서 말도 잘 못하더니 역시 술이 한 잔씩 들어가니 화기애애한 분위기가 감돌았다. 우리도 처음엔 서로 가정사 이야기를 했다. 현재 어디서 살며 무슨 일을 하고 아이들은 몇이고 남녀 구성은 어떻게 되는지 확인했다. 일종의 호구조사가 마무리되자 본격적으로 초등학교 당시의 감정으로 돌아가 추억 이야기로 폭소와 호들갑이 끊이지 않았다. 술잔이 몇 순배가 돌자 취기들이 올라와 더 거침없는 이야기들도 나왔다.

어려서는 표현을 전혀 못하던 그녀도 2차 자리에서는 추억담을 스스럼없이 이야기했다.

"원규야, 너 나 좋아했지?"

그녀의 돌발적인 질문에 떠들던 친구들이 갑자기 얼음이 되었다. 그리고 마치 내 대답을 기다리기도 하듯 일동 나를 쳐다봤다. 나는 알쏭달쏭한 표정을 지었지만 친구들의 야유 소리는 인정하라는 함성 같았다.

술기운에 큰 소리로 대답했다.

"그래! 왜?"

그녀는 내가 고백하지 않았지만 자기를 좋아한다는 것을 알고 있었다고 한다. 30년의 세월이 지난 시점에 내가 그녀를 좋아했다는 사실이 공표되면서 한바탕 야유와 비난 그리고 박수가 쏟아졌다.

그녀의 도발은 계속되었다.

"원규야, 지금도 내가 좋으니?"

"얘가 왜 이래? 징그럽게!"

혀 꼬부라지는 소리로 물어왔을 때, 나는 반사적으로 핀잔을 주며 웃었지만 싫지 않았다.

그게 첫사랑의 위력인가 보다. 아마도 그날은 내가 가장 기분 좋게 술을 마신 몇 안 되는 날이었을 것이다. 그때 그 시절 그녀는 나에게 두근거리는 설렘을 선사한 천사였고, 그 기억은 오랜 시간이 흘렀지만 내 가슴에 불꽃처럼 꺼지지 않고 있었다. 참 이상하다. 초등학교 1학년이 사랑에 대해 무엇을 알았겠는가?

지금처럼 TV나 영화가 발달한 때도 아니요, 순백의 영혼을 가지고 있을 나이에 엄마, 아빠 말고 누구를 좋아하는 감정이 일어나는 것은 기적 같은 일이었다. 얼굴 뽀얀 반 친구를 만나 그냥 본능적으로 기적적으로 나는 그녀를 좋아했던 것 같다.

사실 나는 그녀를 좋아하는 마음이 혼자만 알고 있는 비밀이라고 생각했다. 그런데 갑자기 그녀가 술자리에서 마치 폭탄을 터뜨리듯 말한 것이다. 그날 나만 사랑의 감정이 있었던 것이 아니라 그녀의 작디작은 가슴에도 사랑의 씨앗이 있었다는 것을 알게 되어 기분 좋았다.

물론 그녀도 말로 표현하지 못했지만 그때 자기도 내가 책 읽는 발음이며 심지어 달리기하는 모습까지 따라 했다는 것이다. 눈치 없는 내가 인식하지 못했지만 말이다. 동창회에서 만난 친구가 줄 수 있는 가장 큰 추억이고 기쁨은 이런 것 아닐까?

초등학교를 졸업하고 성인이 될 때까지 한 번도 만나지 못했던 그녀를 어른이 되어 다시 만나니 참 기뻤다. 병원장 사모님이 된 그녀는 동창 사이에서 인기를 한 몸에 받고 있었다. 그녀와 자주 만나는 친구들은 그녀의 마음 씀씀이에 칭찬이 자자했다. 그녀는 성공했을 뿐만 아니라 친구들을 극진히 챙겼다고 한다. 어려운 친구가 있으면 소문나지 않게 돕는 방법을 찾아 도와주었고, 자주 만나 외롭지 않게 했다고 한다.

초등학교를 졸업하고 성인이 되기까지 30여 년간 친구들을 챙기고 울타리가 되어 준 그녀는 진정한 천사라고 생각한다. 누구에게 알리고 생색내는 것이 아니라 마음으로 친구들을 안아주고 도왔던 그녀가 대단해 보였다. 마치 내가 한 일처럼 뿌듯하기까지 했다.

6, 7년이 지난 어느 날 한 친구로부터 안타까운 전화를 받았다. 손님도 많고 소문이 나 승승장구하던 병원장 남편이 욕심을 내 병원을 확장하다가 부도를 맞았다는 것이다. 그래서 그 친구도 친정 재산까지 모두 날렸다는 가슴 아픈 소식을 듣게 되었다. 정말 금방이라도 달려가고 싶은 마음이 굴뚝같았지만 해결

할 방법도 없을뿐더러 시간이 조금 흘렀기 때문에 현재 상태는 알 수 없었다.

이 소식을 듣고 알 만한 친구에게 전화하려다 멈췄다. 잘 해결해서 지금은 괜찮다는 좋은 소식을 들으면 안심이겠지만, 반대의 상황을 듣게 되면 너무나 슬프고 안타까울 것 같았다. 결과야 어떻든 확인하는 것이 겁이 나 친구들에게도 물어보지도 못했다. 혹 잘못되었다고 하면 가슴 아플까 봐….

그다음부터 나는 초등학교 동창회에 나가지 않는다. 그녀의 잘못된 삶이 회자될까 봐…. 차라리 좋은 기억에서 멈추길 바라는 마음에 그때 그 시절 친구들을 멀리한다. 바보스럽지만….

언젠가 그녀의 밝은 소식이 들리면 나는 다시 동창회에 나가 웃고 떠들 것이다. "야, 야, 내가 너 좋아했던 거 알지?"라며 그녀에게 건배를 강요할 것이다.

그날이 빨리 왔으면 좋겠다. '누군가의 첫사랑'이 아닌 바로 '나의 첫사랑'이던 그 친구가 모든 것이 잘되어 예전처럼 친구들을 돕고 위로하는 상황으로 다시 돌아오기를 소망한다. 우리는 친구였고 어린 시절 가슴을 콩닥콩닥하게 한 첫사랑이었기 때문이다. 첫사랑은 이뤄지지 않더라도 늘 아름다운 추억으로 존재했으면 하는 바람에서다.

이 세상에서
가장 나쁜 말은 '다음에'다

우리는 사람들과 만나면서 이런 말을 자주 하면서 살아간다.

"다음에 밥 한번 먹자."

"다음에 술 한잔해."

"다음에 또 이야기하자."

그러나 '다음에' 밥을 먹거나 술 한잔하면서 이야기를 나눈 적이 있는가? 대부분 인사치레 말이었으리라. 그래서 나는 세상에서 가장 나쁜 단어가 '다음에'라고 규정한다. '다음에'라는 말 대신에 '언제', '어디서'가 있어야 실행이 따라온다. 그렇지 않으면 공수표가 되는 경우가 태반이다. 그래서 나는 누가 '다음에' 뭘 하자고 하면 믿지 않는다.

고의는 아니겠지만 '다음에'를 실천하는 것은 생각보다 쉽지 않다. 바쁜 일상을 살아가는 사람들에게 다음을 기약한다는 것은 대단히 어려운 일이다.

내가 '다음에'라는 말을 거의 쓰지 않는 데는 특별한 이유가 있다. 그 '다음에'라는 말이 어떤 사람에게는 희망 고문이 될 수 있기 때문이다. 우리가 습관처럼 하는 말이 누군가에게 확실한 약속으로 들릴 수 있다면 그 말이 얼마나 잘못된 것인가? 그래서 나는 이 말을 어느 순간부터는 사용하지 않는다.

LG애드에서 크리에이티브 디렉터로 근무할 때 CF 제작 한 건이 절실한 회사에 '다음에'라는 희망적인 말을 했다가 큰 원망을 산 적이 있었다. 그 회사에서는 내가 공수표로 날린 '다음에'를 철석같이 믿었던 것이다. 오늘이나 내일이나, 이번 주에나 다음 주에 오겠지 하다가 이번 달에 안 오면 다음 달에 오겠지 믿었다는 것이다.

이 이야기를 전해 듣고 나는 내 말의 습관을 고치는 계기로 삼았다. 일뿐만 아니라 세상사 많은 부분에 '다음에'가 가져오는 폐단이 많을 것으로 판단되었기 때문이다. '다음에 밥먹자'가 아니라 휴대폰을 꺼내 가능한 날짜를 서로 확인해 날을 잡는다.

이런 습관을 길러서 내 네트워크가 더 풍성해졌다고 생각한다. 나의 습관 변화로 만나는 소모임이 하나둘씩 늘기 시작했다. 와인 마시는 모임도 나가고, 골프하는 모임도 서너 개로 늘어나고, 주말에 그림 그리는 모임도 자주 나가는 편이다.

무엇보다 30년 이상 변치 않고 만나는 모임이 있는데 바로 '월

내가 '다음에'라는 말을 거의 쓰지 않는 데는

특별한 이유가 있다. 그 '다음에'라는 말이

어떤 사람에게는 희망 고문이 될 수 있기 때문이다.

우리가 습관처럼 하는 말이 누군가에게 확실한 약속으로

들릴 수 있다면 그 말이 얼마나 잘못된 것인가?

요회'다. LG애드 출신 7명의 멤버가 월요일 저녁마다 고스톱을 친다. 판이 끝날 때마다 천 원씩 회비를 걷어 저녁식사를 해결하고 밤 12시까지 수담을 나눈다. 물론 일종의 놀음이기 때문에 잃고 따는 사람이 있지만 크게 개의치 않는다. 게임 결과는 총무가 매번 엑셀 파일로 만들어 공유한다.

이상하게 들릴지 몰라도 게임하면서 생기는 에피소드에 따라 웃고 즐기는 것이 세상에서 받은 스트레스를 날리는 청량제 역할을 한다. 쓰리고를 외치다가 고박을 쓰는 경우도 있고, 내 패는 형편없는데 상대방 덕분에 어부지리를 얻는 경우도 있다. 어쩌면 인간사 새옹지마처럼 고스톱 판은 돌고 도는 것 같다.

나는 개인적으로 웬만한 패가 들어오면 참전하는 편이다. 사람마다 성격이 드러나는 고스톱 판이기 때문에 각자 성향을 다 알지만 때로는 그런 성향을 역이용해 성공하는 경우도 있다. 암튼 대여섯 시간의 게임이 1주일의 스트레스를 날리기 때문에 가능하면 월요일 약속은 잡지 않는 편이다.

그러나 아직도 고치지 않는 말은 '우리'라는 말이다. 나는 자주 '우리가'라는 말을 사용한다. 특별하게 소속감을 강조하기 위해 사용하는 것은 아니고 직업상 자주 사용하면서 입에 붙은 말이 되었다. 나는 브랜드나 회사명을 말할 때 자주 '우리'를 앞에 붙여 말하는 습관이 있다. '우리 엘지', '우리 매직', '우리 트라온' 등 이렇게 말하는 습관이 입에 붙어 일상생활에서 자주 '우리'를 사용하곤 하는데, 이 습관은 특별히 고칠 생각이 없다. 생각이 있다고 해도 잘 고쳐지지 않을 것 같고 나쁘게 느끼지 않기 때문이다.

하버드대학에서 조사한 바에 따르면, 집단과 집단 간에 사용하는 언어를 살펴보니 동일집단에서 사용하는 단어는 많이 제한적이었다. 다만 다른 사람이 들어오면 이질적 단어가 늘어나다가 얼마간의 시간이 지나면 동일화된다.

한 연구에 따르면, 인간의 얼굴 모습도 동일집단 간에는 서로 유사성이 있는 방향으로 유전이 진행된다고 한다. 그래서 같은 동양이지만 중국, 한국, 일본 사람들의 얼굴은 서로 달라 구별하는 데 어려움이 없었는데 앞으로 좀 변화하리라고 예측한다. 즉, 사람은 뇌를 많이 사용하기 때문에 뇌의 부피가 점점 늘어나 이마가 도드라지면서 변별성이 높지 않으리라는 것이다. 어디까지나 이론적 추론이니까 아직 확실치는 않다. 그런 시대가 오면 미의 기준도 많이 달라질 것 같다.

직업적인 말버릇에서 자주 사용하는 '우리'나, 이제는 잘 사용하지 않는 '다음에'라는 말은 내 행동 패턴과 가치관을 드러낸다고 본다. 사람과 사람이 만나 커뮤니케이션하면서 혹시 많이 사용하는 단어가 있다면 한 번쯤 주시해 볼 필요가 있다. 그 말을 통해 그 사람의 가치관과 습관까지 알아낼 수 있기 때문이다. 본인은 모르지만 자주 사용하는 단어가 있다면, 그 말 속의 숨은 의미가 무엇인지 확인해 볼 필요가 있다.

예전에 광고일로 만난 사업가가 있었는데, 그 사람은 말하는 중간중간에 "솔직히 말해"라는 표현을 필요 이상으로 많이 사용해 내가 속으로 의심한 적이 있다. '저 사람은 어쩌면 솔직하지 않아서 자기합리화의 방편으로 습관적으로 저 말을 사용할 수도 있겠다'고 생각한 것이다. 역시 나쁜 예감은 틀린 적이 없다. 그는 사기꾼이었다. 나중에 확인한 사실이지만, 광고계에서 그 사람 때문에 금전적 손해를 본 회사가 꽤 많았다.

사람이 자기도 모르게 습관적으로 많이 사용하는 단어가 있다면 한번 살펴볼 필요가 있다. 좋은 의미든 그 반대이든 말이다. 말 속에 가치관이 있을 테니까!

이기기 위해 18이닝이나
필요했던 월드시리즈

2018년 미국 월드시리즈 3차전은 7시간이 넘는 연장 18회까지 가는 대혈전이었다. 쓸 수 있는 투수는 양 팀 모두 투입되었고, 감독의 머리에서 나올 수 있는 작전은 다 사용한 게임이었다. 연장 18회 LA 다저스 맥스 먼시의 끝내기 홈런으로 기나긴 대장정은 막을 내렸다.

생각해 보라. 7시간 넘게 혈투를 하고 나서 이긴 팀은 좀 낫겠지만 진 팀은 오죽했겠는가? 육체적으로도 힘들었겠지만 정신적 충격은 더 컸을 것이다. 패장인 보스턴 레드삭스 코라 감독은 라커룸에서 망연자실한 선수들을 이렇게 말하며 다독였다.

"우리가 약해서 진 것이 아니라, 상대가 우리를 이기려면 18이닝이나 필요했던 것이다!"

다음 날 이 기사를 본 나는 코라 감독의 영원한 팬이 되기로 마음먹었다. 단순히 선수들을 위로하기 위해 한 말 때문만은 아니었다. 그는 평상시에도 선수들을 아끼고 존중하며 승리에 대한 강한 집념이 있는 지도자라고 생각했기 때문이다. 그는 최고의 리더로서 최상의 멘트를 선사했다.

정말 멋지지 않는가? 그해 월드시리즈 우승팀은 당연히 보스턴 레드삭스였다. 어떤 리더가 필요한지, 어떤 리더가 승리를 가져올 수 있는지 단적으로 보여 준 사례라고 할 수 있다.

LG애드 다닐 때 진급 직후나 보직을 받았을 때처럼 필요한 경우 외부 교육을 받았다. 대리에서 차장으로 진급했을 때 관리자 교육을 받았고, 우수사원이 되었을 때는 6개월 미국 연수의 기회를 얻기도 했다. 교육을 받으면서 가장 주안점을 두었던 것은 생각의 다양성을 어떻게 발전시킬 수 있는가 하는 문제였다.

뉴욕의 파슨스로 한 학기 연수를 갔을 때 만난 교수 한 분이 유독 나에게 많은 관심과 애정을 쏟아 주셨다. 연수 온 이유도 묻고, 한국의 광고시장도 묻고, 본인이 궁금해 하는 아시아 시장에 대해서도 많은 것을 물어보았다. 그리고 파슨스에 한국 유학생이 참 많은데 나쁘게 표현하면 학교의 재정을 해결해 주는 학생들이 대부분이라고 했다. 등록은 하고 학교는 안 나오고 몇 년을 더 다녀서 겨우겨우 졸업하는 학생들이 많다고 했다. 지금은 다르겠지만 말이다.

패장인 보스턴 레드삭스 코라 감독은 라커룸에서
망연자실한 선수들을 이렇게 말하며 다독였다.
"우리가 약해서 진 것이 아니라, 상대가 우리를
이기려면 18이닝이나 필요했던 것이다!"
다음 날 이 기사를 본 나는 코라 감독의
영원한 팬이 되기로 마음먹었다.

그 교수님은 한국 출신 광고실무자와 만난 것은 처음이라며 많이 도와주셨다. 뉴욕에서 유명한 교수들을 많이 만났지만 그분의 교수법이 특이하고 감동적이라 긴 시간 동안 잊지 못했다. 내가 대학에서 학생들을 지도할 때 많이 참고하기도 했다.

앞서 이야기한 코라 감독이나 파슨스의 교수님이 나에게 가르쳐 준 것은 참된 리더의 역할이었다. 어떤 것이 학생들에게 도움이 되며, 어떻게 그들의 목소리를 온 마음을 다해 들어주고 해결책을 제시해야 하는지 조언해 주었다. 또한 학생들은 진로 상담을 해주고 어느 직장이 본인의 적성에 맞는지 설명해 주면 많은 도움이 되었다고 좋아했다.

처음으로 강의를 나간 대학은 홍익대였다. 복학생과 4살밖에 차이 나지 않았지만 그들은 실무 베이스로 강의하는 나를 많이 따랐다. 가장 감동적이었던 것은 스승의 날에 첫 졸업생들이 마련한 저녁시간이었다. 절대로 계산하면 안 된다고 말했지만 내가 반칙으로 계산하는 바람에 그날 모임은 3차까지 가는 장타가 되었다. 그러나 누구 하나 돌아가지 않고 즐거운 시간을 보냈다. 우리는 그때 학창시절로 돌아간 기분이었다.

사람은 자기를 알아주는 사람을 가장 신뢰하고 따른다고 한다. 이런 관점에서 보면 선배나 지도자가 해야 할 가장 큰 덕목은 정확한 길을 안내해 주는 것이라고 생각한다. 사원, 대리 시절에 가장 목말랐던 것도 진심 어린 조언이었다. 내가 쓴 카피나 아이디어가 왜 좋은지 왜 나쁜지에 대해 설명해 주는 선배가 거의 없었다.

그냥 멘트 없이 넘어가거나 뚜렷한 이유 없이 좋다고 했다. 평가의 이유를 뚜렷이 제시하는 선배는 정말 드물었다. 내 생각엔 좋은 아이디어이고 이 이상의 카피는 없을 것이라고 자부하는데 한마디 멘트가 없으니 좋은지 나쁜지 도대체 알 수 없었다.

그래서 조금 무모한 시도이지만 《카피. 카피라이팅. 카피라이터》라는 카피라이터 입문서를 집필했다. 지금 읽어 보면 얼굴이 화끈거릴 정도이지만, 그때는 일종의 사명감으로 출간했다. 이 책에서 나는 실무에 대해 비교적 상세하게 설명했다. 왜 이 아이디어는 좋고 이 아이디어는 안 되는지 명확한 이유와 근거를 가지고 설명했다. 이런 사수 역할을 해주면 후배들의 발전이 매우 빠르다는 것을 경험으로 알고 있기 때문이다.

학교나 회사나 사정은 마찬가지일 것이다. 나는 회사에서 아이디어 내는 시간에 광고 초년병 후배들의 것을 살려 보려고 애쓰는 편이었다. 쟁쟁한 선배들에게 주눅 든 그들에게 힘내라는 격려의 차원이었다. 사실 여러 가지로 부족하지만 한두 해를 보듬어 주면 대개 광고계의 재목으로 성장하는 경우가 많았다.

나의 아들도 이와 비슷한 경험을 한 적이 있다. 아이가 초등학교 3학년이 되자 구구단을 외우는 과제를 하게 되었다. 많은 친구들은 1주일 시간을 주자 줄줄이 외웠는데 아들을 포함해 몇몇 아이들은 외우지 못했다.

아들은 나중에 커서 중학생이 되었을 때 가족들에게 고백했다. 선생님이 구구단을 외우라고 하면서 왜 외워야 하는지, 원리는 무엇인지 전혀 설명해 주지 않았다고 한다. 집에 와서 물어봐도 그냥 외우라는 이야기뿐 구구단의 원리는 아무도 말해 주지 않으며, '이이는 사, 이삼은 육, 이사는 팔' 하며 외우기만 하라고 했다는 것이었다.

그러던 차에 구구단 표 전체를 놓고 보니 2단은 2의 배수로 되어 있고, 3단은 3의 배수로 되어 있다는 사실을 스스로 깨달았고, 그러자 금방 외울 수 있었다고 한다. 누가 이 사실을 본인에게 미리 설명해 주었으면 금방 외울 수 있었을 텐데 원리를 알지 못한 채 무조건 외우려니까 힘들었다는 것이다.

아들에게 이 말을 듣는 순간, 우리가 얼마나 황당하게 아이들을 가르치고 있는지 반성의 마음이 들었다. 선배나 지도자가 해야 할 일 중 가장 큰 덕목은 후배가 방황하지 않고 일할 수 있는 가장 올바르고 효율적인 방법을 알려 주는 것이라고 생각한다.

지금 돛단배처럼 작은 광고대행사를 운영하고 있지만 나는 오늘도 후배들에게 고기 잡는 방법을 알려 주려고 야근을 한다.

지은이 소개

김원규

배문고 졸업
명지대 아랍어학과 졸업
연세대 언론홍보대학원 석사
정식품 카피라이터
대홍기획 카피라이터
LG애드 크리에이티브 디렉터 · 그룹장
홍익대, 성균관대, 국민대, 숭실대, 세종대 크리에이티브 강의
현 커뮤니케이션즈 오브코스 대표

수상
조일광고 본상
뉴욕페스티벌 파이널리스트
대한민국 광고대상 우수상
문화관광부장관상 (유공 광고인) 등 다수

저서
《카피. 카피라이팅. 카피라이터》(나남, 1993)
《파워브랜드를 만드는 광고전략》(나남, 2006)